目前に迫る中国の脅威！

激論 アメリカは日本を どこまで本気で守るのか？

田原総一朗
ケント・ギルバート

ビジネス社

はじめに

田原総一朗

　今、日本国民の間では「新しい戦前」という言葉がリアリティーをもって語られている。現に、独裁色を強める習近平体制は、台湾への武力行使も辞さないと公言する。仮に中国が武力行使をしたら、アメリカは放置できないだろう。こうした最悪のシナリオを回避するために、アメリカ人であるケント・ギルバートさんと、日本は何をすべきか、アメリカはどう動くのかの徹底討論を行った。

　実際、米国防総省筋は、アメリカは台湾を守るために、有事の場合は戦わざるをえないと発言している。また、CIAのウィリアム・バーンズ長官が二〇二三年二月二日、ワシントンでの講演で、中国の習近平国家主席について、「台湾に対する彼の野心を過小評価すべきでない」として、「中国が二〇二七年までに台湾侵攻を成功させる準備を整えるよう、軍幹部に指示を出したことを知っている」と語った。

同様の警告は、二一年三月に米上院軍事委員会の公聴会で、米インド太平洋軍のフィリップ・デービッドソン司令官（当時）が発しているし、その後、複数の米国要人もこれに言及している。

なぜ二七年なのかといえば、習氏が四期目の続投を図ると、そのための党大会が二七年に開かれるからだ。しかし、ケントさんに言わせると、判断力のないバイデン氏が大統領である二五年までに、中国が軍事行動に出る懸念を払拭できないという。

今の米中対立は、かつての米ソ対立とまったく違う。米ソ対立は民主主義と共産主義という、異なる政治体制の対立であった。

だが現在は、米国の経済が悪化し、特に5Gでは中国に劣っていて、米国経済を持続させるために、中国を何とかねじ伏せたいと考えているのだ。そのカギを握るのが、台湾の世界的な半導体のメガファウンドリーである台湾積体電路製造（ＴＳＭＣ）である。中国にとって台湾は、地政学や歴史的正統性といった意義と並び、半導体争奪戦の主戦場でもあることに留意しなくてはならない。

おそらく、多くの日本人が知りたいことは、いざ台湾有事が起きた場合に、アメリカは日本をどこまで本気で守ってくれるのか、であろう。実は私の問題意識もそこにあった。アメリカにとっての地政学的意義や極東政策が変われば、日本はいつでも切り捨てられる可能性があるからだ。ゆえに、日本は単なる道具ではなく、いつでもアメリカに必要とされるような役割を担わなければならない。それは何か。はっきりしている。米中の〝パイプ役〟なのである。これ以外にない。そして私は、日本にはそれができると信じている。

日本が何をすべきか。本書にその答えを示したつもりである。

序章　〝従米の国〟のどこが面白い

第一章 アメリカの正体 世界の警察か侵略者か

第二章 中国をつくった日本とアメリカ

Ⅰ 日中友好か工作か

第四章　戦後日本　贖罪とコンプレックス

Ⅱ

戦争をしないための憲法改正

序章

〝従米の国〟のどこが面白い

日本人とアメリカ人の何が違う

ケント　長い間田原さんと番組をご一緒させていただいていますが、このように直接対談する機会は初めてですね。どうぞ宜しくお願いします。

田原　こちらこそ、宜しくお願い致します。

それで、単刀直入にお尋ねしたいのだけれど、なんでケントさんは日本に興味を持って、何十年も住み続けているの？　戦後の日本は〝対米従属〟の国ですよ。

ケント　それはよく訊かれることなので、『私が日本に住み続ける15の理由』（白秋社）という本にもまとめましたが、簡単にいうと、日本は治安がよく、清潔だし、バラエティーに富んだ安心な環境があり、食文化、自然、歴史的遺産に恵まれ、エンタメも多様で、世界の文化の中心になる将来性があります。そして、宗教の争いがなく、天皇を中心とした独自の国体を持ち、今のアメリカが失った自由や公の精神が残り、外国人にもチャンスを与えてくれる。しかし、何より私が関心を持つのは、やはり日本人の国民性でしょうね。日本人の「心配り」や「道徳心」に惹かれるのです。

ただ、最初に宣教師として日本に派遣されると聞いた一九歳のときは、正直なところ、日本のことをあまり意識したこともなく、特に関心もありませんでした。しかし、急に一年と一〇カ月、日本で暮らすことが決まり、日本について興味が湧き起こるようになりました。日本で暮らしたことがある友人に訊いたら、日本とアメリカでは文化が全然違うので、「その違いを楽しみなさい」と言われました。

田原　日本人とアメリカ人は何が違う？

ケント　根本的に、日本人は協調性が非常に高いですが、アメリカ人は完全といっていいほどの個人主義です。日本人は空気を読んで黙っていますが、アメリカ人は堂々と自分の意見を主張します。自分一人で切り開いていかなければならない社会です。徳川幕府の江戸時代、日本は二六〇年にわたる太平の世が到来しましたが、その間に、アメリカ人はイギリスの植民地支配から自力で独立して、新しい国を建国しました。

田原　アメリカ人だけではなくて、イギリス人もフランス人も、ドイツ人も個人主義です。しかし、アメリカこそは「世界一の侵略国」だ（笑）。先住民であるインディアンを虐殺して成り立った。しかも奴隷制を布《し》いた。

なんでアメリカは奴隷制だったんですか？

ケント　私の本を宣伝してくださっているようで恐縮ですが（笑）、そのことも『米国人弁護士が見た変容するアメリカ現代史――銃・中絶・移民・戦争』（育鵬社）で書きました。田原さんの二つの質問に、逆の順番で答えます。

アメリカ合衆国において奴隷制を布いたのは、主に労働集約的な農業により生計を立てていた南部です。タバコや米や綿花の栽培は、黒人の労働力がなければできないことでした。もちろん、黒人に対する人種差別があってのことですが、それがアメリカを建国以前から支えた国家基盤であったこともまた事実なんです。

中米・南米も同じでした。一八五〇年代初頭にブラジルの奴隷貿易が停止されるまで、四〇〇万人近くのアフリカ人奴隷がブラジルに輸入されました。これは大西洋を渡らざるをえなかった全奴隷の約四〇パーセントに相当します。アメリカに送られた奴隷の実に一〇倍以上でした。

それに、アメリカほどではないにせよ、奴隷制は当時のヨーロッパにもあったことです。ただアメリカほど産業構造が奴隷に依存していなかったにすぎません。つまり程度の問題です。要するに、当時はヨーロッパ系の白人以外はすべて差別された時代でした。そもそも当のアメリカがヨーロッパの植民地だった。ヨーロッパ諸国の歴史は〝侵略の歴史〟といっても過言ではありません。それは二〇世紀になっても変わらず、実際、ヨーロッパの白人の指導者たちはみんな差別主義者です。

アメリカの歴代大統領にしてもそれは同様です。アメリカで人種差別主義者ではない最初の大統領は誰だと思いますか。ハリー・S・トルーマン（第三三代、一九四五～五三年）です。それまでは、日本が人種差別廃止を国際連盟に提唱した際に反対したウッドロー・ウィルソン（第二八代、任期一九一三～二一年）にしても、リベラルなフランクリン・ルーズベルト（第三二代、一九三三～四五年）にしても、みんな人種差別主義者だったんです。そういう時代だったというほかはありません。

アメリカは植民地支配主義ではない

田原　植民地支配はヨーロッパから始まっています。しかし、やがてアメリカはその先進国になった。

ケント　それは違います。植民地支配は、スペインとポルトガルが一四九〇年代から始めて、北米・中米・南米、アフリカの沿岸部、さらにほとんどのアジア諸国を、短期間で植民地化しました。一五四〇年代には日本にまで到着しています。

一七八〇年代、イギリスの植民地支配から独立したばかりのアメリカ合衆国はまだ弱く、ヨーロッパのような植民地支配主義はとらなかった。繰り返しますが、アメリカもヨーロッパの植民地支配の独立から出発しているのです。

アメリカに続いて、中米・南米の国々も独立し始めました。そこで、アメリカは一八二三年に、植民地支配主義のヨーロッパに対し、いわゆる「モンロー・ドクトリン」と呼ばれる外交方針を発表しました。その内容は、「アメリカ大陸（北米・中米・南米）は、これまでに獲得してきた自由で独立した状態を維持し、今後、いかなるヨーロッパの列強によっても植民地化の対象となることを認めない」というものでした。

つまり、ヨーロッパの列強が西半球をアメリカの利益圏として尊重する代わりに、アメリカはヨーロッパの既存の植民地を認め、ヨーロッパ諸国の内政に干渉しないという、相互不干渉の外交政策です。そしてこの方針は一九世紀から二〇世紀を通じて、アメリカの基本的外交方針として貫かれてきたものです。

例外は一八九八年に、米マスコミ（主に新聞）の著しい扇動報道を受けて起きたスペインとの米西戦争です。アメリカの勝利により、スペインはキューバの独立を承認し、キューバはアメリカの保護国となりました。またアメリカは、プエルトリコ、フィリピン、グアムを獲得しました。しかし、フィリピンに関しては約束どおり一九四六年に独立させています。

ヨーロッパが植民地政策をとったのには、宗教の問題もあります。一五世紀末、スペイン、ポルトガル両国による大航海時代が始まりましたが、これはアジアの香辛料を手に入れるために、イスラムのオスマン帝国の領土を避ける「海のルート」を探す必要があったからです。その過程でアメリカ新大陸が見つかり、逆にアフリカを回って日

本にまで到着しました。そして、カトリックであるイエズス会は、海外への布教を条件に、その土地の植民地化をローマ教皇から認められていました。

一四九四年のトルデシリャス条約により世界は東西に二分され、アフリカとアジアはポルトガルに、西半球はブラジルを除いてスペインに与えました。つまり、新大陸の征服権はスペインが持ち、その征服された土地と先住民は、スペイン国王のものとされました。中米・南米では「インディオ」を、北米では「インディアン」の地への侵略が続きましたが、その過程でヨーロッパからの疫病が広がり、インディアンなどの虐殺もこのときから始まって、大多数の先住民が命を落としました。

奴隷にしても当時の国際社会では当たり前だったから、日本でもイエズス会の宣教師たちは日本人女性を奴隷にしてヨーロッパに輸出していた。

田原　それを怒った秀吉はキリスト教の布教を禁じる「バテレン追放令」を出した。

一神教vs.八百万の神々

田原　改めて訊きたいんだけど、なんで日本に来た。日本は商売しやすい？　生活がしやすい?

ケント (笑)。僕も七〇歳になったので、そろそろアメリカに帰ってもいいのかと思っています。僕の周りにいる同世代のアメリカ人たちも自分が日本に貢献できることがなくなれば、みな帰ると言っています。

田原 貢献というのは?

ケント 僕の場合はこれまでに本を六四冊出していますが、仮に同じことを書くのでも、外国人である私が書いたほうが日本の読者に響くことが多い。

田原 それは日本人に、白人に対するものすごいコンプレックスがあるからです。

ケント それだけじゃなくて、僕の場合はアメリカの考え方をベースにして日本を見ますから、切り口が違う新鮮さや意外性があるのだと思います。

田原 一番の違いは、一神教と多神教の違いですよ。ヨーロッパもそうですが、キリスト教は一神教で、日本は「ヤオヨロズの神々」。だからまったく違う。その違いは感じますか?

ケント 感じますね。日本は神道も仏教も何でもよくて共存ができる。だから各宗教団体の総人数を足すと、総人口の一・八倍くらいあるという話も聞くくらいです。つまり、宗教を掛け持ちしている。ただ、キリスト教徒の割合は一パーセント前後で推移して、全然伸びていない。これも不思議です。

田原　キリスト教を信心して、仏教を信心してもいい（笑）。

ケント　キリスト教と仏教の両立には違和感があります。ただ結婚式はキリスト教式で行っている場合は多い。クリスマスも祝う。もっとも日本では恋人と一晩過ごす日になっているけれど、本来は教会に行って礼拝をします。教会で式を挙げることもクリスマスをすることも宗教行為だと思っていないんでしょう。

田原　それをいうなら、お盆も初詣も宗教行為だと日本人は思っていない。

ケント　生活に溶け込んでいるんですね。宗教が共存して平和的だとはいえます。

田原　キリスト教、イスラム教と、世界では一神教の国々が多いなかで、日本はヤオヨロズの神々の国、どの宗教にも拒否反応がなく、すべて受け入れる。反面、オウムとか福永法源といったとんでもない宗教もこの国では生まれるのですが。概して宗教に関してはおおらか。

反対に一神教徒から見ればいい加減なんです。同じ敗戦国であるドイツとの違いはそれで、ドイツは白黒はっきりしていますが、日本はグレー。グレーが魅力的なんですか？

ケント その曖昧さが面白いんですよ。曖昧なのにうまくいく。

日本人は正当に怖がることができない

田原 亡くなられた安倍晋三さんが言っていた。新型コロナの感染が拡大した二〇二〇年四月に、緊急事態宣言を出した。日本以外の国は、緊急事態宣言措置を破った場合に厳しい罰則規定を設けたというのに、なぜ日本もそうしないのかと安倍さんに訊いた。するとこう答えた。罰則規定など設けたら政権が持たない。しかし、それ以上に規定をつくらなくても日本人なら守ってくれる、と。

ケント 本当にそうですよ。日本の法律は罰則規定がないものが多い。男女雇用機会均等法にしても、未成年者の喫煙禁止にしても。

田原 そう。世界経済フォーラムが発表している「ジェンダーギャップ指数」で日本がいつも一二〇位前後と順位が低いのは、男女雇用機会均等法に罰則規定がないためです。

ケント　しかし、罰則規定がなくてうまくやれるほうがいい。対照的に「ゼロコロナ」を宣言した中国はものすごく厳しい罰則規定を設けましたが、失敗しているでしょう。感染拡大を封じ込めることもできず、上海で激しい抗議デモが起こって、さしもの習近平政権もゼロコロナ政策を撤回せざるをえなくなった。かと思ったら一斉に規制を解除するんですからね。非常に極端です。

田原　なぜ失敗したかといえば、ロックダウンで人々が家から出られないために産業も停止し、交通機関も麻痺したからです。経済がぐちゃぐちゃになってしまった。

ケント　ロックダウンはアメリカでも行いましたが、効果がないことに気づいてやめました。マスクもだいぶ前から外しています。

二〇二二年四月に全米経済研究所が興味深い研究結果を発表しました。過去二年以上にわたって各州の死亡率と経済のパフォーマンス、教育への影響という三つの変数で分析したところ、最初にロックダウンとマスク着用を解除したフロリダ州と、最後まで守っていたカリフォルニア州とニューヨーク州とでは、後者のほうがビジネスや教育に大きな影響があったほか、死亡率も高かったのです。つまり、ロックダウンやマスクに感染防止の科学的根拠はなかったということです。

田原　日本と中国だけと言いたくなるくらいです、いまだにマスク着用にこだわっているのは。

ケント　だから、飛行機でもアメリカではマスクをしなくていいのに、日本の領空に入った途端、着用を求められる。日本の場合は政府が罰則規定を設けなくても、企業やお店がそれを求めてくるから困る。

先日とあるホテルで開催された会に出席しましたが、黙食を求められました。しばしば行きすぎるところが日本人にはあります。

田原　日本維新の会の参議院議員である猪瀬直樹さんはマスク着用反対なんだけれど、マスクを着けないと国会に入れないというのでしょうがなくマスクをした。彼は発言するときくらい外そうよと抵抗してる。

ケント　アメリカではマスクもそうですが、反ワクチンの議員も結構います。日本人はワクチンに関しても従順ですね。

田原　それが問題で、アメリカでもフランスでも大規模なワクチン反対デモが起きているのに、日本ではそうした動きはほとんどない。不思議な国です。

ケント　ソーシャルメディアでは、政府の政策に対する反対意見やワクチンの安全性や効力、マスクの有効性などについて疑問視する意見を掲載しようとしても、様々な形で検閲されますしね。ＹｏｕＴｕｂｅでこの話題を取り上げると、その動画を載せてもらえなかったり、載せたとしても広がらないように「シャドウバン」（ユーザーとその投稿が公の目に触れにくくする）されたり、あるいは、収益化が認められないこともあります。ツイッターもシャドウバンされたり、極端な場合、その投稿だけではなく、アカウント自体が削除されたりします。Ｆａｃｅｂｏｏｋでは、コロナウイルスに関する投稿には勝手に注意書きが載せられたりします。

米軍内ではワクチン未接種の兵士らが二〇二一年末時点で約三万五〇〇〇人いて、このうち宗教的な理由で特例の除外措置を受けている数千人はいいのですが、それ以外は除隊処分です。その除隊処分を受けた人たちのなかにはコロナに感染した経験があって、すでに抗体があるのでワクチンを受けなくてもよかった人もいたのに。

結果、軍人が足りずに自衛隊のようにリクルートが難しくなっています。それで、二〇二二年一二月九日に可決された国防総省の予算案の一部として、ワクチンを打たなくても除隊処分にされないことが盛り込まれました。

政府が屋外ではマスクを外してもいいと言っているのに、いまだにしている人が日本では多い。二〇二三年三月一三日以降は、マスクをしなくてもいいと政府が発表しましたが、その後、どれだけの日本人がそれでもマスクをするか、興味深く見ています。アメリカ人と比べると、日本人は〝恐怖〟に対する免疫が弱いように思えます。

田原　日本人は生き残るためには〝空気〟を読まなければならないと思っている。空気を読むというのは、〝同調〟だ。みんなのやることをやるということです。

ケント　問題なのはその判断が間違っているときです。正当に怖がることができなくて、怖がらなさすぎるか、怖がりすぎるかのどちらかになりますね。

なぜ権力者は天皇を倒さなかったのか

田原　僕は日本人が怖がりすぎる理由の根源は、天皇制にあるのではないかと思う。実は一九八〇年代まではあらゆる学者が反天皇制でした。ところが九〇年代に入って、一転して天皇制賛成に変わった。東大で天皇制を研究している連中まで支持するようになった。

そのうえで、僕が特に興味があるのは源頼朝《みなもとのよりとも》です。いうまでもなく頼朝は日本で最初に武力でもって天下を統一した権力者。ヨーロッパでもどこでも、武力で統一した権力者は自らトップに立つのが通例です。それなのに頼朝は、自分の上に権威として天皇を置いた。

ケント　権力と権威を分けたわけですね。

田原　それはなぜなのか。頼朝が『古事記』や『日本書紀』を読んでいたとは思えない。以前、天皇に関する『日本人と天皇　昭和天皇までの二千年を追う』（中央公論新社）という本を書いたのですが、当初は歴史や天皇制に詳しい学者たちに、なぜ、武家政権を誕生させた頼朝は天皇を排除しなかったのかと訊いても答えが得られなかった。それが勉強するうちに、「権威」と「権力」を分けたほうが統治が安定すると頼朝が考えていたのだと、だんだんわかってきた。

頼朝以後も、たとえば執権となった北条家は朝廷と争い、後鳥羽《ごとば》上皇を島流しにしましたが、天皇制は維持した。室町幕府を開いた足利尊氏《あしかがたかうじ》も、後醍醐《ごだいご》天皇と争い勝利したが、後醍醐天皇が奈良の吉野に逃れても殺さず、それぞれ南朝と北朝という形で天皇制を維持した。

明治維新の薩長も同様でしょう。満一四歳だった明治天皇を立てた。

第二次世界大戦の敗戦後に日本に来た、連合国軍最高司令官（GHQ）のマッカーサーもそうです。昭和天皇の、戦争のすべての責任は私にある、といった言葉にマッカーサーが感銘を受けたという話や、天皇制をつぶすと日本が共産主義に傾くのではないかという懸念もあったともいいますが、結果的に、マッカーサーは天皇の戦争責任を問わなかった。やはり、日本は権威と権力を分けたほうがうまくいくという考えもあったからです。

これが日本の面白いところだと思います。日本というのは、権威と権力を分けることで政治が安定する。これが日本の政治の根底にある。欧米など外国ではこうしたケースはめったにない。いかがですか？

「天照大神は女神」は女系天皇の根拠になるのか

ケント　それがまさに日本ですね。神武天皇以降二六〇〇年の歴史を持つ日本のすごさです。天皇が民を大切にしてきたことは、神武天皇の「建国の詔《みことのり》」にも表れています。

《上は乾霊（あまつかみ・くにつかみ）の国を授けたまひし徳に応え、下は皇孫の正を養ひたまひし心を弘めむ。然してのちに、六合《くに》を兼ねて都を開き、八紘《あめのした》を掩ひて宇《いえ》とせむこと、亦可からずや。（私が志を立てて日向を出発してから6年が過ぎた。辺境の地はまだ平定されてはいないけれども、中央の大和国は穏やかに治まっている。そこで、国民のため、いよいよ都造りに取りかかろうと思う。まず、この国を授けてくださった神々の徳にこたえ、先祖が育まれた正しい心を広めていこう。その後で、四方の国々を束ねて都を造り、一つの家族のように仲良く暮らしていける国にしようではないか）》（新田均監修『子供たちに伝えたい日本の建国』明成社）

また、仁徳天皇の「民のかまど」の物語はあまりに有名です。

田原　いや、それは後付けにすぎない。

ケント　もちろん、記紀神話はそれよりも後世に編纂されたものですが、単なる後付けと断定することもできないでしょう。

田原　それは置いておくとして、天皇の祖先は誰かといえば、天照大神《あまてらすおおみかみ》です。天照は女神だといわれている。話はちょっと逸れるけれど、ケントさんの意見を訊きたい。祖先が女神なのになぜ女系天皇はいけないのか。現に一二六代のうち、八代は女性天皇。明治以降に女性天皇が登場しなくなった理由は単純で、天皇は「陸海軍を統帥する」大元帥であり、女性は兵役に就けなかったからだ。

今は自衛隊には女性も参加できるし、戦後の日本国憲法で男女同権となり、女性の参政権が認められるようになったから、女性天皇はもちろんのこと、女系天皇を否定する根拠はなくなったはずです。

ケント 天照大神は皇祖神であり、つまり神です。そのような存在と一二六代の歴代天皇を同列に比べて女系を正統化する議論には疑問があります。ましてや女性天皇の子供（男女問わず）が天皇になる女系天皇の根拠としてはいかがなものか。

また、私は女性天皇には反対してません。田原さんもおっしゃられたように二六〇〇年の間にも前例があるからです。しかし、女系天皇はただの一例もない。なぜそうなのかの理由は私にはわかりませんが、そのような「万世一系」の皇統の歴史がある以上、男女同権といった現代の価値観よりも尊重すべきでしょう。伝統というのはそういうものです。

田原　ただ、憲法の起草作業が本格化する直前の一八八五年に、宮内省の制度取調局で起草された「皇室制規」では、「女帝」だけでなく、母方だけが天皇の血を引く「女系天皇」まで容認されていた。

ところが井上毅《こわし》は、女帝の場合は皇婿《こうせい》（女帝の配偶者）が政治に干渉する恐れがあると強く反対し、「皇男子孫」が皇位を継承することになった。

ケント　それは井上毅が賢明ですよ。そうじゃなかったら、たとえば信長や家康のような権力者が女帝と婚姻して、天皇家に入り込む余地をみすみす与えることになりかねない。

現代的価値観か伝統か

田原　それに側室制度を廃止したのは、昭和天皇ご自身ですよ。皇太子時代に半年間ほど欧州訪問（一九二一年三月三日から九月三日まで）をされたが、どうもその影響ではないかといわれています。ヨーロッパの王室には側室制度がないからね。

実際、昭和天皇ご自身が一九七〇年九月一六日、那須御用邸での宮中記者団との会見で、「印象深い思い出は」と尋ねられて、「大正十年（一九二一年）のヨーロッパ旅行であった。それまで『カゴの鳥』のような生活だったが、この外遊で自由な生活を体験し、以来私の人間形成に大いに役立っている」（松本健一『畏るべき昭和天皇』新潮文庫）と応えている。

ケント　よくわからないことですね。昭和天皇がどのようにお考えになったのかは私にはうかがい知れないことです。

僕のような外国人にとって、天皇はとてもわかりにくい存在でした。その理由は、天皇というものが世界のなかで極めて特殊で、昔も今も日本にしかない唯一無二の存在だからです。

天皇はローマ教皇とも、欧州の王室とも違う。もちろん歴代中華王朝の皇帝や、世襲の独裁者とも違う。比較対象として、他に類推する存在がないのです。

田原　昭和天皇の欧州訪問がどういう様子だったかというと、次のようなものだったようです。

《三月に日本を出発した皇太子（昭和天皇のこと）一行は、五月七日、イギリスに到着した。五月九日、皇太子はポーツマスに上陸したあと、桟橋から宮廷専用列車でロンドンに向った。ビクトリア駅に到着したのは、お昼の十二時四〇分で、駅頭にはジョージ五世（在位一九一〇―三六）をはじめ、王族や政府閣僚が出迎えていた。

その日の夜、バッキンガム宮殿で数百人の文武関係者をあつめた公式晩餐会――吉田茂が列席したもの――が開かれた。当時は、日英同盟が破棄される前夜のことだったが、日露戦争に先立つ日英同盟の長い歴史と友好関係があったため、皇太子一行は大歓迎されたのである》（同前）

列席していた吉田茂は、バッキンガム宮殿でのジョージ五世の歓迎の辞に対する皇

太子の答辞について「玉音朗々、正に四筵《しえん》を圧するの概があった。われわれ遠く末席に列したものまで、言々句々明瞭に拝聴するを得たのである。平常の温容に狎《な》れたわれわれとして、かゝる公式の国際交歓場裡に臨まれし時の堂々たる御態度を拝し、一同感激に堪えなかった次第である」（吉田茂『回想十年（4）』中央公論社）

日本国憲法が昭和天皇を守った

田原　敗戦にともなって、昭和天皇はずいぶん悩まれたのではないか。大日本帝国憲法では「一君万民」で、天皇主権だったのが、日本国憲法になって国民主権に変わった。天皇の地位は「国民の総意」に基づかなければならなくなったわけです。国民とどう付き合えばいいのだろうか。加えて、世襲で選ばれる天皇という存在は憲法違反ではないのか。退位したほうがいいのではないか、と。

ケント　櫻井よしこさんと私の共著『わが国に迫る地政学的危機　憲法を今すぐ改正せよ』（ビジネス社）でも述べたことですが、マッカーサーが日本国憲法をつくったのは昭和天皇を守るのが第一の目的でした。

というのも、終戦直後、アメリカの国務省も、マッカーサーが所属する参謀本部も陸軍も、国民世論も天皇の処刑を求めていたからです。

田原　実際、一九四五年六月に行われたギャラップ社による世論調査では、戦後、天皇に対して何をなすべきかとの問いに、アメリカ国民の七〇パーセントが処刑や終身刑、国外追放など何らかの処罰をすべきだと答えている。不問に付すはわずか四パーセントしかなかった。

ケント　一九四六年一月二五日に、マッカーサーはアメリカ陸軍参謀総長ドワイト・アイゼンハワー将軍に対して、秘密電報を送りました。

そのなかで、マッカーサーは天皇の戦争責任を否定し、次のように警告しています。天皇の「起訴は、間違いなく日本人の間に大きな動揺を引き起こし、その波紋は計り知れない。彼はすべての日本人を結びつけるシンボルである。彼をつぶせば、国家は崩壊する」。これで参謀本部の意見は変わりましたが、依然として国務省は、天皇の戦争責任を追及すべきだという方針に変わりはありませんでした。

アメリカの国務省も含めて、連合国、ソ連や豪州などからの圧力は世論に輪をかけて強かった。一九四五年一二月二七日に連合国による「極東委員会（ＦＥＣ）」の設置が決められましたが、これは日本の占領管理に関する連合国の最高決定機関とされ、「日本の憲法構造、占領管理体制の根本的変革および日本政府全体の変更」については、必ず同委員会の事前の決定を必要としました。

つまり、ＦＥＣはＧＨＱの上部決定機関であり、マッカーサーといえども、憲法に関しては同会の意見を無視することはできない状況に立たされた。そしてＦＥＣは天皇制を廃止しようとしていた。マッカーサーはこれを阻止しなければならないと考え、一九四六年二月二六日にワシントンで開かれることになったＦＥＣの第一回会合の前に、ＧＨＱの民生局に、日本国憲法の草案を大至急つくるように命じたのです。二月四日に起草命令が出てから一〇日までのわずか一週間で、ＧＨＱの民生局員が憲法の「マッカーサー草案」を大急ぎで作成しなければならなかったのは、このような事情があったからです。そのため、憲法の内容はＦＥＣの意向を気にする必要があった。

完成した「マッカーサー草案」は二月一三日に日本の国会議員に渡されて、同月二二日に天皇の裁可を受け、三月六日に「憲法改正草案要綱」として国民に公開されました。

天皇を本来法律用語でもない「象徴」としたのも、「国民の総意」としたのも、Ｆ

ＥＣから天皇を守るためにしたことなのです。したがって、憲法九条を入れるために憲法をつくったのではありません。九条は不戦条約の条文をそのまま採用しただけで、いわば実験だった。

田原　天皇を救うためにマッカーサーが日本国憲法をつくったというのはまったくの同意見。天皇が「戦争責任」ということで裁判にかけられていたら、間違いなく処刑されていました。

憲法を大矛盾させたのはアメリカ

田原　それから第九条に関しては、日本を弱体化させるのが目的だった。敵国だったアメリカからすれば、二度と日本が歯向かわないように弱めようとするのは当然のこと。軍隊など持たせたくない。

ケント　ただ、軍隊を放棄させたことをアメリカはすぐに後悔している。朝鮮戦争が始まって、日本の再軍備が必要となったからです。アメリカは、本当の敵はソ連をはじめとする共産主義勢力だと気がつき、日本軍の解体がどれほどの愚策だったかを、そのとき悟ったのです。

田原　つまり、アメリカは自分たちの都合で一九四六年に〝平和憲法〟を押し付け、一九五四年に自衛隊を押し付けた。だから自衛隊と憲法は大矛盾するようになってしまった。

さらにいうと、自由民主党ができたのが翌年の一九五五年。自民党初代総裁の鳩山一郎はこの大矛盾を解くために、憲法改正を政策に掲げた。安保改定した岸信介もそう。ところが、次の池田勇人以後、佐藤栄作、田中角栄ら、自民党の歴代首相はいずれも、改憲を主張しなくなりました。

ケント　それは経済復興を優先したからです。いわゆる「吉田ドクトリン」。

田原　吉田茂は「見事な敗戦国になってみせる」と言った。

僕は憲法が大矛盾しているのに正さないのは国民を騙している、ケシカランことだ、と一九七一年秋に、自民党の代表的なハト派である宮沢喜一氏に言ったことがあります。そして、そのときの氏の説明にすっかり感服した。彼はこう言った。

「日本人は自分の体に合った服をつくるのは下手で、押し付けられた服、つまり憲法に体を合わせているほうが安全なのだ」と。

つまり、大正から昭和にかけて、欧米先進国はアジアをほぼ全域植民地にした。そこで日本は植民地にされないために、「自前の服」をつくる必要に迫られた。憲法を制定し、軍隊をつくり、富国強兵に励んだ。その結果、軍事大国となり、軍に逆らう政治家は五・一五事件、二・二六事件で殺され、敗戦に至るまで軍部の暴走を止めることが誰にもできなかった。戦争を知っている世代の首相たちは、そのことの危険性を熟知していたので、安全保障はアメリカに委ねる。つまりアメリカに守ってもらっているほうが安全だと考えてきたのです。

二〇〇万人以上もの犠牲者を出した大東亜戦争の教訓から、押し付けられた平和憲法を楯に〝軍事をアメリカに押し付ける〟国家戦略が、戦後の長い間、説得力を持ってしまった。

ケント　それだけは、日本のいいところをたくさん知っている僕でも否定できない〝戦後日本〟の誤りです。

第一章

アメリカの正体
世界の警察か侵略者か

Ⅰ アメリカが仕掛けた大東亜戦争

対日戦争を望んだアメリカ

田原　大東亜戦争は軍部の暴走と、それに引きずられた日本政府の責任が大きい。しかし、アメリカも悪い。一九三七年七月に始まり日本が中国を侵略した日中戦争では、張作霖《ちょうさくりん》を爆殺し柳条湖《りゅうじょうこ》事件を仕掛け、満洲事変を起こした石原莞爾《いしわらかんじ》でさえも、戦線が拡大することには反対した。なぜか。アメリカのエサになるからです。

　第一次大戦以後、驚異的な経済復興を遂げたドイツは、ヨーロッパで非常に力を持った。へたをしたらヨーロッパ中、ドイツの勢力圏になりかねず、フランスもイギリスももはや太刀打ちできない。どんどん強くなるヒトラーのドイツを食い止めるのはアメリカしかいない。

しかし国際連盟に入っていないアメリカは、ドイツと戦争をする口実がない。しかもアメリカ国民は、ヨーロッパの戦争に介入することに大反対している。フランクリン・ルーズベルトはヨーロッパに参戦しないことを公約に、大統領に当選したほどだ。

そこで直接ヨーロッパに介入するのではなく、日独伊三国同盟を結んでいる日本と戦争になれば、ドイツとの戦いにも参戦できるとアメリカは考えた。何とかして日本と戦争したい。要するに、日中戦争などやったらアメリカの思うつぼだった。

当時の少なくない日本の識者が日中戦争に反対だったのはそのようなアメリカの思惑を理解していたからです。たとえば、大阪朝日新聞の論説委員であり著名な軍事評論家の武藤貞一《ていいち》という人物は、一九三七年に刊行した『日支事変と次に来《きた》るもの』（新潮社）のなかで次のように書いていた。

《（日中が全面的戦争に発展すると）世界は全く一つの戦争の坩堝《るつぼ》に入ってしまった。日支戦局は何か意外なドンデン返りを打たざる限り、行くところまで行かざるを得ない情勢にある。そしてそこへ、ソ連にせよ、イギリスにせよ、又はアメリカにせよ、支那と緊密なる関係国が一歩でも乗出せば、ここに日支間の局面は、須臾《しゅゆ》にして世界的

大事変の口火に点火することとなるであろう》（坂野潤治『日本近代史』ちくま新書）

ほかにも、五・一五事件に関与した大川周明《おおかわしゅうめい》や、二・二六事件の論理的指導者とされた北一輝《きたいっき》など、時代を読む感覚の非常に鋭い人物たちも、日中戦争を始めたら米英との戦争になると考え、何としても断固阻止すべきだと強調していた。

もちろん総理大臣の近衛文麿《このえふみまろ》も反対。逸材を集めた近衛の政治勉強会「昭和研究会」のメンバーも反対。しかし、軍部を恐れ反対とは言えなかった近衛は、一刻も早く蔣《しょう》介石《かいせき》と和解して、アメリカと仲良くしようとした。

そこで近衛は広田弘毅《ひろたこうき》を外務大臣にします。それから当時ヨーロッパで一番近かったヒトラーに頼んで、駐華ドイツ大使オスカー・トラウトマンの仲介のもと、広田と蔣介石の交渉が始まった。この三者会談により和平が実現できればアメリカとの関係も改善されるはずだった。

広田弘毅と話し合って和平の条件をまとめたトラウトマンは蔣介石と交渉を始めた。なかなか交渉に応じようとしない蔣介石に対し紆余曲折はあったが、トラウトマンによる和平工作はうまくいきそうであった。蔣介石もトラウトマンの調停に応じることを表明した。

ところが、その後、日本政府の態度が急変した。一二月に日本軍による南京陥落が成功したためです。中国の首都である南京を陥落させたことで、日本国内は戦勝国のような気分になった。日本政府は中国に対する和平条件を、「満洲国を正式に承認せよ」「中国側は賠償金を支払う」など、まるで降伏国に突きつけるような厳しいものに変化させた。金など出すわけがない。

この条件を拒否してきた蔣介石に対し、近衛は愚かにも「国民政府を対手《あいて》とせず」なんて言った。軍を恐れてのことだろうけど、この声明は多くの学者に「昭和政治史における最大の愚行の一つ」と決めつけられた。それでアメリカが「しめた！」と。これで日本と戦争して、ドイツと戦争できる、と。

戦争がしたいアメリカと、なんとかそれを回避したい日本の絶望的な交渉が始まる。しかしアメリカが「ハル・ノート」で最終的に出した条件が、併合した朝鮮半島から撤退しろ、それから満洲国を手放せ。できっこない要求を突き付けてきた。それで日本は勝てるはずもない真珠湾攻撃を行った。

アメリカがドイツと戦うために、日本はしなくていい戦争をさせられた。それが真相です。

コミンテルンが謀略か？

ケント　アメリカ人の僕がいうのもなんですが、日米戦争は日本による「侵略戦争」ではなかった、という見解をとります。

実際、アメリカは日本と戦争をする必要はありませんでした。国民の八割はアメリカが第二次世界大戦に参戦することに反対していたのを、日本による真珠湾攻撃を「卑怯な騙し討ち」と演出することにより、「リメンバー・パールハーバー」のスローガンのもと、無理やり戦争に駆り立てたのです。

フランクリン・ルーズベルト政権は、日本の暗号文を解読しており、真珠湾攻撃をあらかじめ察知していたことが、今ではわかっています。「リメンバー・パールハーバー」はプロパガンダだったという事実は、一九九一年に米ＡＢＣテレビによって全米に伝えられましたが、いわゆる真珠湾攻撃の歴史認識は、アメリカ国内はもとより、世界的にもいまだに変わっていません。そのファクトを知る人はまだ少ないのです。

日中戦争についても、アメリカは裏で手を引いていました。「フライング・タイガーズ」です。

これはアメリカから義勇軍として参加していた航空部隊であり、米軍を退役したパイロットが自主的に蔣介石の中華民国軍に入隊し、傭兵として大活躍したとされていました。しかし、実は「フライング・タイガーズ」の正体は、ルーズベルトが承認した秘密作戦部隊でした。参加した人員は、義勇軍などではなく現役米兵部隊で、飛行機や整備士もアメリカ政府が提供していました。真珠湾攻撃の半年前から練られていた「フライング・タイガーズ」による日本への先制爆撃攻撃計画の存在は、一九七〇年に公開された公文書で明らかになっています。

また、ソ連のコミンテルンの暗躍も無視できません。コミンテルンとは、世界共産革命を目指す世界的組織ですが、レーニンは一九二〇年の時点で、「世界共産化を進めるため、アメリカを利用して日本に対抗し、日米両国の対立を煽るべきだ」と主張していています。その後の歴史はレーニンの筋書きどおりだったといってもいいでしょう。

コミンテルンは日本が対ソ連に向かわないよう日米対立を煽るために、中国内で謀略を働いていています。一説に張作霖謀殺に関して「張作霖爆殺は一般的には日本軍が実行したとされているが、ソ連情報機関の資料から最近明らかになったところによると、実際にはスターリンの命令にもとづいてナウム・エイチンゴンが計画し、日本軍の仕業に見せかけたものだという」話もあるくらいです（ユン・チアン、ジョン・ハリデイ『真説 毛沢東 誰も知らなかった実像』講談社＋α文庫）。

ハリー・デクスター・ホワイト（一八九二～一九四八）などコミンテルンのスパイが、ルーズベルト政権に対して工作活動を行っていたという事実も明らかにされています。

アメリカでも国務省のソビエト専門家のジョージ・ケナンのように、戦前に「資本主義国と共産主義国の共存は不可能」であることを見抜き、早い段階からソビエトと国交を結ぶことに反対していた外交官もいます。

日本は、共産主義勢力の謀略に直面し、多大な被害を受けたというのに、歴史的事実を知らない人が多い。共産党をはじめとする左派勢力に対して甘く、シンパシーさえ感じているのは異常です。

共産主義の脅威がわからないと、冷戦崩壊までのアメリカの戦争もわからない。それについては後で述べます。

日本の価値を理解していたアメリカの知識人

ケント　アメリカも対日強硬派ばかりではありませんでした。たとえば、地政学の泰斗であるニコラス・スパイクマン（一八九三～一九四三）は、日本がパールハーバーを攻撃した直後の一九四一年の一二月末に、終戦後はユーラシアの干渉地帯として、目下敵国である日本およびドイツと同盟を結ぶべきだと提言しています。

第一次世界大戦までは、西半球を守るというのがアメリカの戦略であり、大西洋と太平洋が敵国の侵入を阻んでいるというのが常識でした。

ところが、飛行機と潜水艦の出現により、緩衝地帯だと思っていた大海が高速道路になってしまったため、スパイクマンが考えたのが、海の向こうに緩衝地帯をつくることだったんです。だから、もし戦争が終わってなお日本が残るのであれば、復興させて、アメリカの強い同盟国にしないとダメだ、と。

もちろん、そのときの仮想敵は、ユーラシア、つまりソ連と中国です。

アジアでは日本を緩衝地帯にし、ヨーロッパに関しては、イギリスはもはやそんなに力がないから、ドイツと同盟を結ぶべきだ、と。

ものすごいバッシングを受けながらもスパイクマンは立派な戦略論を立てていました。残念ながら戦争中に病死してしまいますが。


田原　確かに、大東亜戦争が開戦した際に駐日米大使だったジョセフ・クラーク・グルー（一八八〇〜一九六五）のような、日本の立場を擁護したアメリカ人はいました。

五百旗頭真氏の『米国の日本占領政策（下）』（中央公論社）によると、グルーは第一次世界大戦の敗戦国であるドイツに対して莫大な賠償金を求めた「戦後計画」が大失敗であり、その結果アドルフ・ヒトラーを生んだ。だからこそ、その歴史の教訓を生かし、「今度こそは、『煽情《せんじょう》的好戦主義の熱病』をわが国から根絶して、『先見の明をもって最高度のステイツマンシップ』を発揮し、敵国（日本）の再建と国際復帰を助けることにある、とグルーは訴えた。前大戦時の誤りは、敗戦ドイツに対して厳しさが足りなかったことではなく、苛酷に走ってステイツマンシップを発揮できなかったことにある、との立場をグルーは示していた」のです。

日本との激戦の最中の一九四三年一二月二九日に、しかも、アメリカ人のほぼ全員が、この戦争は狂暴な日本軍の卑劣な宣戦布告なき奇襲によって始まったと思い込んでいるなかにあって、彼は「まるで自国民（アメリカ人のこと）の短見や偏見、さらには好戦主義に責任があったといわんばかり」（同前）の演説をしたといいます。

グルーは、天皇の先祖が源頼朝以後、鎌倉幕府、足利幕府、さらに徳川幕府など歴代の将軍たちによって何世紀もの間、何の権限もなく京都に閉じこめられてきたことも解説していた。

グルーは昭和天皇が開戦前の御前会議（一九四一年九月六日）において、対米英蘭戦争反対の異例の発言を行ったことまで披露し、昭和天皇は真珠湾攻撃にはまったく責任がないと、言い切っている。

もちろん、彼が昭和天皇を擁護するのは、アメリカの占領政策を成功させるためのものですが。

ケント　お陰で、グルーはアメリカで

非難の集中砲火を受けました。実現こそしませんでしたが、グルーを中心とする「三人委員会」という組織が、当初、ポツダム宣言に「天皇の地位保障」を書き込むよう提言していました。残念ながらこの提案は、対日強硬派の国務長官ジェームズ・バーンズが反対してつぶされました。

地政学者スパイクマンの予言

ケント　スパイクマンに話を戻すと、彼の『米国を巡る地政学と戦略――スパイクマンの勢力均衡論』（小野圭司訳　芙蓉書房出版）には、中国について次のような注目すべき記述があります。

《戦後の主な課題は、日本ではなく中国である。かつての「天朝上国」の潜在国力は「桜の国」のそれを大きく上回り、一旦その国力が軍事力に転化されると、中国大陸沖合の島国である敗戦国日本の立場は極めて危うくなる。山東半島やウラジオストックから長距離爆撃機を運用できるようになれば、紙や材木を多用している日本の都市での火災保険料率は間違いなく高騰する。

近代化に成功して国力を向上させ、軍部を充実させた4億人の人口を擁する中国は、日本だけでなく豪亜地中海での欧米列強の立場も危うくする。中国は豪亜地中海沿岸の大部分を支配する、広大な大陸国家となる。中国の地理上の立ち位置は、アメリカ地中海に対する米国のそれに似ている。強大となった中国による豪亜地中海への経済進出は政治的影響力を伴うことは疑いなく、この海域が米英日の海軍力に代わって、中国の空軍力によって支配される日の到来も視野に入ってくる》

スパイクマンが危惧した事態に、現に今なっています。ドイツの場合は拡大してNATO(北大西洋条約機構)になってますが、日本は韓国と台湾とで同盟とはいえない脆弱な関係です。だからアメリカにとっては日本が軍事力を持つしか選択肢はない。

大反対を押し切って獲得した集団的自衛権

田原 日本政府が安全保障を〝対米従属〟ですまなくなったと認識し出したのは小泉

政権のときです。

当時、防衛問題の代表的存在だった元タイ大使の岡崎久彦（故人）と東大教授の北岡伸一に会うと、岡崎が「困ったことになっている」と言ったんです。冷戦が終わったことで日本の立ち位置が変わった、と。

「米ソ冷戦とはいわば東西冷戦で、日本は西側の極東部門だった。だから、米国には西側の極東部門を守る責任があったのだが、冷戦が終わり、その責任がなくなってしまった。そこで米国が、岸信介首相が結んだ日米安保条約、つまり日本が他国から攻撃されれば米国は日本を守るが、米国が攻撃されても日本は何もしなくてよい、という片務条約では日米同盟は持続できない、双務条約にせよ、と言ってきたのだ」

ケント　知日派として日本で有名なリチャード・アーミテージと、ジョセフ・ナイが発表した「アーミテージ・レポート」でも「日本が集団的自衛権の行使を禁止していることは、同盟への協力を進めるうえでの制約となっている。これを解除することにより、より緊密で効率的な安保協力が可能になる」と繰り返していました。要するに、日米同盟を米英同盟に近い双務性にせよ。

田原　そう。岡崎は小泉首相に、片務から双務への変革を求めたけれども、小泉は頑として応じない。

それに対し安倍さんは、「日米安保体制を持続可能なものにするには、双務性にすることが必要で、軍事同盟というのは「血の同盟」であり、日本がもし外敵から攻撃を受ければ、アメリカの若者が血を流す。だから、アメリカが攻撃されたときには、それに対応しなければ『イコールパートナー』とはいえない」と言っていた（『この国を守る決意』岡崎久彦　安倍晋三　扶桑社）。まだ総理になる前の二〇〇四年の段階でこう言っていた。それから約一〇年後ですね、二〇一五年に成立した集団的自衛権を一部認める「平和安全法制」を通した。あれだけ大反対にあいながらも実現した。

ケント　マスコミ、野党、憲法学者は憲法違反であると大騒ぎしました。なかには「軍靴の音がする」とか「徴兵制になる」とか「あなたの夫が戦場に行く」と。社民党や共産党は「戦争法」とまで非難した。

田原　そこで僕は、「反対」を打ち出している新聞の代表的な二紙のトップ記者にこう言ったんです。この安保法制を否定すれば日米同盟は維持できなくなる。日米同盟が破綻すると、日本の防衛力を二倍、三倍に拡大しなければならない。現在は米国の核の傘に守られているが、自前の核兵器を持たざるをえなくなるのではないか、と。

そのとおりだと彼らも納得してくれた。また、何人かの学者も同意してくれました。

ケント　そうでしたか。小川和久氏の『日本人が知らない集団的自衛権』（文春新書）によると、今の平和と安全を維持しようとしたら、年間の防衛費は二二〜二三兆円にも上るという試算もあるようです。そういう意味では、五兆円弱で済んでいた日米同盟はものすごくコスパがいい（笑）。

岡崎久彦氏は、アングロサクソンとは何があっても戦ってはならない、というのを敗戦の教訓として、日米同盟を第一に日本の国家戦略を立てるべきだと説いていた方ですね。そのため、「親米保守」が代名詞のように言われて非難されることも多かった。

田原　朝生にもよく出演してもらった。集団的自衛権の必要性を一貫して説いていた安倍さんの外交政策のご意見番とも言われていた人です。

Ⅱ アメリカにむさぼられた日本

アメリカに押し付けられた「金融ビッグバン」

田原　吉田ドクトリンで突き進んできた戦後日本は、敗戦からの復興を遂げるべく経済活動に邁進した。日本にとっては、アメリカの対日戦略の変化の歴史でもあり、しばしばカネをむしり取られた。

実はアメリカは、基本的に東西冷戦までは西側の親分で、日本をはじめ西側の国々が困難に直面していると援助の手を差し延べてくれた。日本のように子分であることを誓えば、日本流のやり方に付き合って商売をしてくれた。一例を挙げれば、金融をまったく自由化しなかった日本の銀行が、ひと頃は世界の銀行のベスト・テン、あるいはベスト・フィフティーンをほとんど独占するほどだった。

しかし、冷戦以後、アメリカは戦略を大転換して、それまでは各国の流儀を認めて付き合っていたのを、アメリカの流儀を押し付けるようになった。それはグローバリズムの名を借りた〝アメリカニズム〟にすぎないわけです。

たとえば、日本の金融市場に大変革をもたらした「金融ビッグバン」があります。アメリカが「金融の自由化」を日本に迫ってきたのは中曾根康弘政権のとき。それに対し日本は、問題を先送り先送りし続けてきたが、九八年、ついにアメリカの要求を受け入れざるをえなくなった。

護送船団方式といわれる旧大蔵省がとっていた金融機関の保護政策は批判の対象に挙げられましたが、それには理由があった。

大東亜戦争が始まる一九四〇年代に、軍需工業にカネを回す目的でつくられ、戦後は産業界を育成する目的に変わった。しかし、安い金利で企業にカネを貸すには、安い金利で国民大衆から集金しなければならない。そのためにもっとも大事なのは、「銀行は倒産しない」という信頼をつくり上げ得ること。野口悠紀雄氏のいう「一九四〇年体制」でやって来たから、日本の銀行は強かった。アメリカに対しても「銀行がつぶれたら、日本は共産化してしまう」という半ば脅しで、自由化を断ることができた。

しかし、冷戦が終わってしまえば、その理屈は通用しない。

ビッグバン問題で、日本の銀行の頭取一三人に取材したことがあります。それぞれに「なぜビッグバンをやったんですか」と訊いたら、全員の答えが「本当はやりたくなかったが、大蔵省（現財務省）がやれというので」というものだった。ことの真相を大蔵省の局長に尋ねたところ、「『やりませんか』と言ったら、みんな『やりましょう』と答えたというから、やったのです」と。再度、頭取たちに質したところ、「いや実は大蔵省に『やりませんか』と言われたら断れない。大蔵省の意向に逆らうと、さんざんいじめられてきたから、『やりませんか』と言われたら、首を縦に振るのが頭取の仕事なんです」。

こんなバカなことをやっていた。金融機関の一つたりとも賛成していないビッグバンをやる。梶山静六が「ビッグバンは日本流にいえばバクチだ。バクチを無理やり日本に持ってきても、なじまない」と警鐘を乱打していましたが、確かにそういう見方もあると思いました。

アメリカは金融のほかにも、あらゆる業界の規制緩和を要求し、日本式の「談合」をやり玉に挙げた。流通も自由化され、外からいろいろなものが入ってきた。

バブル崩壊も元凶はアメリカ

田原　ところで、ケントさんは中曾根首相をどう評価しますか。

ケント　アメリカにとっては素晴らしい総理だったと思いますよ。レーガン大統領と友達だったでしょう。「ロン」「ヤス」と呼び合った。日本の安全保障に関して、ちゃんと考えていたタカ派のイメージです。

田原　全然違う。

ケント　そうですか？

田原　レーガンは中曾根をつぶそうとした。レーガンが日本を標的にしたのは、一九八〇年には日本の対米輸出額が三一二億ドル、輸入額が二〇八億ドルであったのが、八五年には輸出額が六八八億ドルと倍増した。それに対して輸入額は二二六億ドルとほとんど増えず、対日貿易赤字が四六二億ドルにもなってしまったから。一九八〇年代の日本経済は世界一で、「ジャパン・アズ・ナンバーワン」と称されていた。

それで、レーガンは日本に甘すぎるとの声がアメリカ国内で強まった。レーガンは米ソ冷戦時代であったのにもかかわらず、敵は日本だと決めつけ、日本経済を鈍化させるためにあらゆる方策を駆使した。

そして、アメリカの貿易赤字急増の要因はドル高、円安にあるとして、日本に大幅な円高政策を要求したんです。八五年九月、アメリカ側はベイカー財務長官を派遣、ニューヨークのプラザホテルで竹下蔵相らを呼び出し、会談が行われ、アメリカ側の要求を受け入れた。これが「プラザ合意」。

その結果、一ドル＝二三八円だったのが、同年一二月二三日には二〇二円の円高になった。

もっとも、竹下はこの程度の円高は想定内だったが、一九八六年一〇月二五日には一五三円となり、日本中に「円高不況」の悲鳴が充満することになった。しかし円が急激に高くなったにもかかわらず、対米輸出額は一九八六年に八一九億ドル、八七年八四六億ドルと増え続け、対日赤字が八七年には五六四億ドルと増大した。

するとアメリカは、その原因を日本の内需が足りないからだと言いがかりをつけてきた。日本の輸出依存体質を転換して内需拡大に力を注ぎ、市場を開放せよ。そう強く要求し、日本は、いわゆる「前川レポート」を作成して発表した。そして、これがバブル経済の原因になったとされている。

アメリカは返す刀で、一九八八年八月、三〇一条を成立させた。

従来の三〇一条は、発動には提訴の必要があったが、スーパー三〇一条は、USTR（米通商代表部）が独自に制裁を発動できた。日本は、アメリカの要求が法外だとわかっていながら妥協を重ねた。

一方的だった「日米構造協議」

田原　八九年に始まった「日米構造協議」では、アメリカは、日本に対して、九一年から二〇〇〇年までの一〇年間に、約四〇〇兆円の公共投資を行うように要求してきた。通産官僚たちはねばり強く抵抗しました。交渉は紛糾し、夜中になっても官僚たちの態度と方針が変わらないと見たアメリカは、業を煮やして、「官邸に行こう」と言った。でも行った先は、首相ではなく、幹事長の小沢一郎のところだった。当時は海部政権で、外相は中山太郎、蔵相は橋本龍太郎でしたが、実権を握っていたのは、幹事長の小沢一郎だったんだね。

当時、僕は小沢さんに、なぜそんなことを決めたのかと問うた。すると、こう言った。

「アメリカは日本がなくても成り立つけど、日本はアメリカがなくては成り立たない」。だいたい日本語では日米構造協議と訳しているけど、英話にはそんな意味はなくて、「Structural Impediments Initiative 構造障壁に関するイニシアチブ」のこと。つまり日本の構造的問題を解決するための行動をとるという意味。まったく一方的だった。

日米経済摩擦を調べていると、官僚たちに合言葉があるのを知りました。それは「大臣（政治家）に上げるな」。

経済官僚たちが交渉でアメリカを相手に突っ張っているのに、政府は同盟国であるアメリカの機嫌を損ねたくないから、日本側に非がないのに政治判断だといって妥協してしまう。そうなったら最後、もう官僚の出る幕はない。

日米交渉では、アメリカは、日本側の使う会議室やホテルをわざわざバラバラにリザーブした。そうすれば電話で打ち合わせる内容を全部盗聴できる。

そればかりか向かいのビルにアメリカのスパイがいて、通産省の担当者の唇まで読む。必要なら、ＣＩＡもＦＢＩも動員して、交渉にあたっている官僚や担当大臣、総理大臣まで、彼らのスキャンダルを徹底的に調べ上げる。官僚たちはたいしてないけれど、政治家はすねに傷を持つ人が多い。アメリカはそれを脅しの材料に使う。橋本首相と話題になった中国女性もＣＩＡが流したスキャンダルです。だから官僚にとって、官邸に上がったらもうアウトだった。

アメリカから買う半導体のシェアを二〇パーセントにせよ

田原　一九八〇年代半ばの半導体をめぐる日米協議にしても、日米貿易摩擦によるアメリカからの不平等な押し付けだった。

二〇一八年一二月一九日の朝日新聞によると、一九八六年九月、日本の半導体輸入に関する協定「日米半導体協定書」とともにつくられた非公開の「サイドレター（付属文書）」に、「外国製半導体のシェアを五年で二〇パーセントに」という記述があることが判明した。つまり、衰退著しいアメリカの半導体を、日本企業に強引に買わせる高い数値目標を入れてきていたわけだ。

貿易は自由であり民間企業に任せなければならないのを、政府が介入する。押し付けるアメリカも酷いがそれを呑む日本政府も異常だ。これが二〇一八年一二月の外交文書公開で明らかになった。秘密書簡に記された日本の輸入増に関するこの数字が実現せず、アメリカによる対日経済制裁を招いた経緯も明るみに出た。

それによると、まず一九八七年に、日本市場でのシェアが伸びないことに対してアメリカの業界や議会で批判が強まり、米政府が通商法三〇一条による四月からの制裁を予告、直前に日米緊急協議が開かれた。

日本の努力が足りず、目標の「二〇パーセント」にほど遠いと主張する米側に対し、日本側は二〇パーセントは数値目標ではなく、制裁は不当だと訴え、決裂。米政府は日本製のパソコンやカラーテレビなどに高関税をかける、戦後初の本格的な対日経済制裁を発動し、日本政府は関税貿易一般協定（GATT）に訴えた。

結局、このように日米経済摩擦に拍車をかけるだけで終わった。しかし、半導体協議を「成功」と見たアメリカは自動車部品などでも数値目標を迫り、日本側は「失敗を繰り返すな」と拒み続けることに終始した。

この貿易摩擦以来、日本は深刻な不況に陥り、欧州先進国もアメリカも、韓国も、それなりに経済成長しているし、中国は日本を抜いて世界第二位の経済大国にまで躍進したというのに、日本経済はまったく低迷したまま現在にいたっている。

ケント　日本の半導体は一時期世界シェアの半分を占めたこともありました。

ただアメリカからいわせれば、半導体に対する日本側の認識が甘かったという点が挙げられます。日本はビジネスの問題だと捉えていましたが、アメリカからすれば安全保障の問題だった。国家存亡の問題です。このことは後の章で詳しく述べたいと思います。

それからビジネスの問題としても日本はやりすぎた。日本はメモリーのDRAMでアメリカ市場を席巻し、業界ナンバー1だったインテルのDRAM事業をつぶした。もともと日本に半導体のコンセプトを教えたのはアメリカです。それが日本の輸出攻勢によってアメリカ市場が崩壊した。それでアメリカの逆鱗に触れたわけです。

それから、これは他の製造業にもいえることですが、グローバル化により安い人件費を求め、国内に空洞化をもたらした日本企業の問題もある。その際に、半導体製造エンジニアをリストラして切り捨てました。ですから、現在、日の丸半導体復活の課題として人材不足が取りざたされているわけです。

アメリカは侵略者ではないのか

田原　戦後のアメリカの軍事侵攻を見ていると、侵略者、あるいは破壊者ではないかと思います。二〇〇三年にイラク戦争を始めたときも、大量破壊兵器を廃棄するためとか、イラクの民主化のためと言ってたのが、終わってみれば大量破壊兵器はＣＩＡのでっち上げだったし、民主化どころか大混乱を招いた。

だいたい、イラクの人口構成は、スンニ派が一五・六パーセント、シーア派が六五パーセント、クルド人が一五パーセントなんだけど、アメリカが民主主義をやろうとしたら六五パーセントのシーア派と組むしかない。

ところがアメリカは、本音はシーア派と組みたくない。なぜならアメリカが毛嫌いしているイランがシーア派だから。アメリカはイラクのイラン化を一番恐れていたわけですから。そんなことは戦争する前からわかっているはずなのに、アメリカの無知蒙昧さというのは何なのか。

ケント　僕もイラク戦争は間違いだったと評価します。湾岸戦争のときは国連決議案をとって国際社会が納得したうえで侵攻していましたが、イラク戦争はアメリカとイギリスがやった戦争で、米英に協力する同盟国はほとんどいませんでした。

二〇〇八年の大統領選挙では、戦争反対を主張した民主党のバラク・オバマが大統領に選出されました。オバマ政権は、アメリカとイラクとの間に結ばれた二〇〇八年の米軍地位協定に従って、二〇一一年一二月に米軍をイラクから完全に撤退させました。

とにかく、この戦争は間違っていました。そもそも戦争をやるときは出口のことを考えていないといけないのに、米英はサダム・フセイン政権を倒した後にどうするのかという合理的な戦後計画を持ってはいませんでした。

イラクを再建するという、第二次世界大戦後の日本への占領政策を真似した、いわゆる占領計画はありました。ところが、その計画は四〇〇ページもある詳細なものだったので誰も読みません。しかし、一番の誤算はイラクには日本の天皇のように国民をまとめる絶対的な存在がいないということです。

田原　アメリカの占領統治の成功体験は日本しかない。「アラブの春」や「東欧カラー革命」という民主化政策も軒並み混乱を生んだだけで失敗した。

ケント　もっとも顕著な例はアフガニスタンです。アフガニスタンへの軍事侵攻は、九・一一テロに対する戦いという大義名分があり、アメリカ国民も最初はみんな支持していました。九・一一テロを実行したアルカイダ、そして、彼らを匿《かくま》っているタリバンというイスラム過激派組織を一掃するという当初の計画は、一一日で達成できました。ここで引き上げるべきでした。しかし、その後、二度とタリバンを復活させないために、そしてアフガニスタンを安定させるための民主化に取り組みました。

ところが、二〇年にわたって、アメリカと日本が中心になって、世界四二カ国が二兆三〇〇〇億ドルもの費用を投じて復興支援を行っても、アフガニスタンに民主化を定着させることはできませんでした。

Ⅲ ウクライナ戦争、悪いのはロシアかアメリカか

アメリカは「世界の警察」なのか

田原　アメリカは今、第二次世界大戦後に掲げてきた、〝世界の平和はアメリカが守る〟というパックス・アメリカーナを実質的に放棄したのではありませんか。経済の悪化とともに、オバマ大統領は「米国は世界の警察をやめた」と宣言し、トランプ大統領は「世界のことはどうでもよい。アメリカさえよければよいのだ」と言い切った。

ケント　日本ではオバマ大統領のときに「アメリカは世界の警察をやめた」と報道されていますが、これはウソです。オバマ大統領はそんなことは言っていません。

田原　どういうことですか？　説明してください。

ケント　この発言は二〇一三年九月一一日にシリア問題に関する演説におけるもので、

実際は「America is not the world's policeman.（アメリカは世界の警察官ではありません）」と言っているのです。つまり、「世界の警察をやめた」ではなく、「世界の警察官ではない」ということです。

オバマ氏の発言を要約すると、世界ではいろいろなことが起きるが、アメリカは警察ではないのだからいちいち動かない。だけど、大きなことがあるときには動くべきです、と言っているのです。ちょっと長いですが、日本人の誤解を解きたいのと、多くのアメリカ人が共感している内容なので、実際にはどのような発言だったかを紹介させてください。

「米国のみなさん、米国は七〇年近くにわたり、世界の安全保障の要として活動してきました。

これは、国際的な合意を形成する以上のことを意味します。それは、国際的な合意を履行することを意味します。リーダーシップの重荷はしばしば重い。しかし、我々がそれを担ってきたおかげで、世界はより良い場所になったのです。

右派の友人たちには、米国の軍事力へのコミットメントと、正義が明白なときに行動しないことを調和させるよう求めます。

左派の友人たちには、すべての人々の自由と尊厳に対する信念と、冷たい病院の床で苦痛に悶え、じっとしている子供たちの姿とを調和させるようお願いしたい。

もしアメリカ合衆国が、独裁者が毒ガスによって国際法を堂々と犯すのを目撃していながら、それを見て見ぬふりをするのであれば、私たちはどのような世界に住むことになるのでしょうか。フランクリン・ルーズベルトはかつて、外国の戦争や外国との交際を避けるという国家の決意は、私たちが大切にしてきた理想や原則が挑戦されたときに、深い懸念を抱くことを妨げることはできない、と言いました。

我々の理想と原則、そして国家の安全保障は、シリアにおいて、最悪の兵器がけっして使用されないようにすることを求める世界のリーダーシップとともに、危機に瀕しているのです。米国は世界の警察官ではない。世界中で恐ろしいことが起きており、すべての誤りを正すことは不可能です。しかし、わずかな努力とリスクで、子供たちがガスで殺されるのを食い止め、それによって自分たちの子供たちを長期にわたってより安全にすることができるのであれば、私たちは行動すべきだと思うのです。それこそがアメリカの特徴なのです。それこそが、私たちを特別な存在にしてくれるのです」（傍線筆者）

田原　要するに、アメリカは警察官のようにすべての不正に介入することはできない。国益のために、子供たちを守るためであれば、他国の問題にも介入する。たとえば、シリアのケースがそれであると。

ケント　田原さんは「パウエル・ドクトリン」をご存知だと思いますが、読者のためにここで紹介しましょう。アメリカが軍事行動を起こすための条件を定めたもので、レーガン政権で国家安全保障問題担当大統領補佐官を務め、ジョージ・W・ブッシュ政権では国務長官も務めた、コリン・パウエル（故人）が提唱しました。パウエルは自身も従軍したベトナム戦争の反省として、米軍の参戦には以下のような厳しい条件をつけました。

①国家安全保障上の重要な利益が脅かされているか？
②達成可能な明確な目標があるか？
③リスクとコストは十分かつ率直に分析されたか？
④他のすべての非暴力的な政策手段を完全に使い果たしたか？
⑤終わりのない争いを避けるための、もっともらしい出口戦略はあるか？

⑥我々の行動の結果は十分に考慮されているか？

これら六つの項目すべてについて肯定的に答えられない限り、参戦してはいけないと説いたのです。日本ではアメリカが「好戦的」であるかのような報道や識者の見解が目につきますが、誤解です。軍産複合体のように、戦争で儲けている企業は別にして、一般のアメリカ人は戦争が嫌いです。そんなの当たり前ではありませんか。

ロシアの弱体化に戦略を切り替えたバイデン政権

田原　シリアのケースはわかりました。では、ウクライナは？

ケント　もちろんアメリカは、ウクライナで戦争をしたくない。基本的にヨーロッパの問題は、ヨーロッパ諸国が解決すべきだと考えています。そうでなければ、何のためにNATOがあるのだと。トランプ大統領は就任直後にNATO首脳会議で突然、「NATOのお金はほとんどアメリカが出しているのに、あなたたちは何をやっているんだ！」と言い出しました。

だから、物（武器）はあげるけれども、若者の命はあげない。

今回、アメリカはウクライナに数多くの武器を送っていますが、アメリカの世論の一部は反対し始めています。「なんで俺たちだけがやらなきゃいけないんだ」「ドイツは何をやっているんだ」「ドイツだって武器を持っているだろう、売ってやれよ」などと、ヨーロッパの盟主であるドイツの消極的姿勢に対する批判が多いです。ウクライナ侵略については、むしろEUを脱退したイギリスのほうが積極的に支援しています。

田原　ただ、この戦争を止められるのはアメリカしかいない。ウクライナというよりも、少なくともプーチンはアメリカとの〝代理戦〟だと見ている。

一方、アメリカの危機感が強いことも確かです。二二年五月二三日にバイデンは岸田さんと日米首脳会談を行いました。これまでであれば、就任したアメリカ大統領は、まず米英首脳会議を行い、米仏首脳会議を行い、日本は三番手だったのが、いきなり岸田さんと会談した。

実はその直前に岸田首相と会う予定があったので、バイデンに言ってほしいことを伝えようと思いました。世界中の人間がウクライナ戦争は一刻も早く終わらせるべきだと言っている。それができるのはバイデンしかいない。だから岸田さんに、バイデンが単独でモスクワへ飛んでプーチンと一対一で話し合え、話し合えば必ず停戦できる、と伝えてもらおうと思っていたのです。

ところが、面談の三日前に、アメリカ訪問から帰国したばかりの僕と非常に親しい自民党の超有力者が、国防総省の幹部の話を聴いて、「アメリカの戦略が変わった」と言うんです。どう変わったか。アメリカはこの際、ロシアを弱体化させようとしている、と。つまり、これまでの対話路線から転換した。当然、中国に対する戦略も変わる。そう聴いたので岸田さんに提言するのをやめたんです。

ケント アメリカ政府は公にしていませんが、それは大きな目的の一つであることは事実だと思います。ロシアは大国に見えるけれども、核兵器があるだけで、経済力はカリフォルニア州と同じぐらいです。人口にしても一億四〇〇〇万人ぐらいで、日本とたいして変わらない。

田原 中国とは人口規模も経済力も比較にならない。

ケント ロシア革命を起こし、共産主義を世界中に広めるということでソ連邦を形成し、アメリカと二大大国とみなされてきたわけですけれど、それも崩壊しました。共産主義に対する幻想も破れました。ロシアにあるのは豊富な天然資源と広い国土のみ。プーチンは経済技術の獲得を目指しましたが志半ば。軍事力はあるけれど、ウクライナではその軍隊が弱いことが明らかになりました。ロシアは、全体的な国力としては脆弱です。

田原　ソ連時代末期にゴルバチョフが登場して「ペレストロイカ（再構築）」を掲げ、スターリンの共産主義を変えようとした。うまくいかなくてだめだったんだけどね。

ケント　ソ連崩壊直後に大統領に就任したエリツィンも、経済復興のために急激な民営化路線をとりました。しかし、オリガルヒの台頭を許しただけで終わった。プーチンが大統領になって、オリガルヒに奪われたエネルギー企業の再国営化によってうまくいくようになったわけですけれども、彼が権力の座にあまり長くいすぎたため、「独裁者」になってしまいました。独裁者になると、耳に心地よい情報しか入らなくなり、国にとって誤った政策をとる傾向がある。プーチンは栄光のソ連の版図を取り戻そうという妄執にとらわれているのです。

三割はアメリカが悪い

田原　それはロシアを敵だと思いすぎている見解。僕は違うと思う。やっぱりウクライナ戦争を始めた責任の三割か四割はアメリカにある。

ケント　いやアメリカにあるとは思わない。

田原　もちろんウクライナは、まったくロシアと戦争する気はなかったんだから、プーチンは確かに悪い。だけど、アメリカはこの戦争を起こさないようにすることもできたはずだ。東西ドイツが統一される際に、ドイツとアメリカは、『ロシアが東西の合体を認めたら、NATOを一インチも拡大しない』と約束した。それでロシアも統一を認めた。それなのに、その後、NATOをどんどん広げていって約束を反故《ほご》にした。それよりもなお悪いのは、バイデンが副大統領の時代、ポロシェンコ大統領に、ウクライナ憲法へ「NATO加盟」を努力義務とする記述を入れさせたこと。つまり、プーチンの要望をアメリカが完全に無視した。おそらく、それでもプーチン・ロシアは戦争できっこないと甘く見たのだろう。三、四割はアメリカに理由があるというのは、そういうことです。

ケント　確かにアメリカの大統領がトランプだったら、プーチンもウクライナを侵攻しなかったでしょう。ただプーチンには大ロシア帝国復興という大きな野望があることも間違いありません。実際、プーチンは二〇〇八年八月にジョージアを、二〇一四年にクリミア半島に侵攻しました。

田原　トランプはプーチンと仲がいいもの。二〇一六年の大統領選でもヒラリーが大統領になるところを、プーチンがトランプを応援したお陰で当選したとまでいわれた。

ケント　いわゆる「ロシアゲート」事件ですが、それはまったくのでっちあげだったことは後で判明しました。ロシアゲートとは、大統領選挙に向けて、トランプ候補とロシアが共謀してヒラリー・クリントン候補の評判を貶めたとし、またその捜査をトランプ大統領が妨害したというものですが、まったくのウソでたらめ。

ウクライナに侵攻しないように、事前にアメリカやフランスは外交手段でプーチンの説得にあたりましたが、効果はありませんでした。ロシアは、ウクライナが核兵器を放棄した際、ウクライナに侵攻しないと約束しています。しかし、ほぼ非武装体制をとったウクライナのクリミア半島に、ロシアは軍隊を送り込んで、二〇一四年にとってしまいました。その成功体験もあって、〝電撃作戦〟で首都キーウを三日間で占拠できると思っていた。ゼレンスキー大統領を追い出してウクライナに親ロシア政権を誕生させる。ウクライナに侵攻した二〇二二年二月二四日当時のアメリカのニュースでは、評論家はそろってそう言っていました。

ところが、全然そうはならなくて、泥沼化してしまっています。これは明らかにプーチンの大きな誤算でした。アメリカは外交活動以外にも電撃作戦を阻止しようとして、開戦直前からロシアのインテリジェンス（機密情報）を全部暴露した。これもまったく異例です。

その目的はウクライナが準備をする時間をつくるためでもあるし、ロシアに彼らの計画が完全にバレているということを知らせて、作戦を実施させないためでもあった。たとえば、二月一六日には「ロシア当局者がウクライナ侵攻の口実となるような偽情報を報道機関に広めており、多くの誤った主張が拡散している」と米国務省のネッド・プライス報道官が報じました。

また、同月二三日には「ロシア軍の八〇パーセントが臨戦態勢に入っている。プーチン大統領はいつでもウクライナに侵攻できる状態にある」「ロシア軍はウクライナ国境において、北・南・東から攻撃する態勢を完了している」と報じ、二四日には「大規模侵攻が四八時間以内に迫っている」「事実上、いつでも攻撃可能である」と報じました。

そして、いざ開戦すると、今度はＮＡＴＯ諸国を中心に武器を次々に供給しています。

田原さん、こういう言い方はどうでしょうか。ロシアは北朝鮮とたいして変わらない国になってしまったという気がする。あるいはこのまま続けると、北朝鮮のような国になるかと思うのですが、いかがでしょうか？

田原　北朝鮮のようになるかはともかく、弱体化することは間違いない。

日米の敵はロシアよりも中国

ケント　このままいくと、ロシアは中国の属国になるでしょう。プーチンは中国に協力を求めているけれど、習近平もウクライナ問題に関しては、少なくとも表立ってはロシアに積極的な協力はしていません。

田原　そう簡単に中国はロシアの味方につかないでしょう。

ケント　習近平は香港政策などある意味では馬鹿だけど、ある意味では頭がいい。別に中国がロシアを助けなくても、ロシアが弱体化していくのは間違いないから、このまま自分たちの属国になって取り込むことができると思っている節があります。アメリカは開戦当初、中国とロシアが一緒になることを怖がっていました。しかし、ロシアの国力がどんどん弱くなっていくにつれて、このままいけばロシアの脅威はなくなる。依然、核兵器の問題は残りますが。

いずれにせよウクライナ戦争は早く終わらせたい。アフガニスタンから撤退したのも、そこに費やしていた財源や軍事力を対中国に向けなければならないと気づいたからです。アメリカは二〇年で二兆二六〇〇億ドルの戦費を費やし、二四万一〇〇〇人の犠牲者を出した。その間に中国の暴走を許してしまったわけです。

しかし、アフガンから撤退し、極東問題に注力しようとした矢先にウクライナ戦争が勃発した。それで中国に対する圧力が弱まるのではないかと心配したのですが、ウクライナが思いのほか善戦してくれているお陰で、さほどでもない。むしろウクライナ人が頑張ってロシアの国力をどんどん削いでくれているから、アメリカも武器を供給します。アフガニスタンで費やした金額と比べれば、大した負担ではありません。それによってロシアの脅威がなくなるのであれば安いものでしょう。アメリカの長期戦略であるユーラシア大陸の台頭を抑える効果も出るわけですよ。

だから、日米は中国に対して、中国単独で応じればいいと思います。極論すればロシアのことはいったん忘れていい。この戦争によりロシアが元の軍事力を取り戻すのに最低でも一〇年はかかるでしょう。だから今は中国をどうするかということが大問題なんです。

米中関係改善をぶち壊した「偵察気球」

田原　二〇二三年二月四日、米軍戦闘機が中国の「偵察気球」を米南部サウスカロライナ州沖で撃墜し、米中両国の緊張が極度に高まっています。
さらに、米軍の戦闘機が、アメリカとカナダの領空を侵犯した「飛行物体」に相次いで対処している。二月一〇日から一二日には米国とカナダ領空で国籍不明の飛行物体を撃墜した。一三日時点で計四件です。

同月に予定されていたブリンケン国務長官の訪中も延期。六年ぶりのハイレベル会談を実現し、米中対立の緩和をはかるはずだったが。

ケント　アメリカ国内ではバイデン政権に対する批判が高まっていますよ。領空侵犯は明らかな主権侵害なのに、なぜ、もっと早く撃墜しなかったのか、と。アメリカの恥です。これは同盟国にも、「アメリカは自分の領土も守れないのか」といった動揺を与えかねない事態です。

もちろん米国民は中国にも激怒していますが、バイデン政権の対応の遅さに、議会では超党派で批判がわき起こっています。

上院軍事委員会のロジャー・ウィッカー上院議員（共和党）は「中国共産党のスパイ気球に米本土横断を許した。弱さの表れだ」と非難しました。バイデン政権が気球飛来を「国民から隠そうとしていた」と主張し、徹底追及すると明言しています。

米政治専門サイト「ポリティコ」によると、民主党のジョン・テスター上院議員は、中国の領空侵犯を強く批判したうえで、「なぜ、こんな事態になったのか」「どうしたら二度と起こらないようにできるのか」などと、バイデン政権に説明するよう圧力をかけているといいます。

さらに米誌ニューズウィーク（日本語版）は、今回の気球撃墜について、冷戦期の一九六〇年に、ソ連が米偵察機「U2」を撃墜した事件と比較しています。アメリカ側は当初、「気象観測用の民間機が操縦不能に陥った」と主張するなど類似性もある。当時は、米ソが「雪解け」のタイミングと見られていたが、撃墜事件で軍縮交渉も台無しになったという。同誌は、今回の件とは立場は異なるが、「私たちが『第二次冷戦』の初期にいることを再確認させる」と記している。

アメリカがいくら関係改善を目指しても、「中国は信頼できる相手ではない」ことがわかってしまったと思う。

米国内の世論を見る限り、ブリンケン氏の訪中は当面、実現しないのではないかと思います。

むしろ、バイデン政権は中国に対し

て、報復措置をとらざるをえないでしょう。

日本の安全保障について、国会は法整備を！

ケント　一連の問題で、米国民の間で国防意識が高まっており、「今そこにある危機」に対峙する安全保障体制にも焦点があたっています。

ここで日本にとっても注目すべきは、アメリカとカナダとの関係です。

米ブルームバーグ（日本語版）によると、撃ち落した四つの気球のうち、カナダ上空の飛行物体には、米加両国の戦闘機が共同で緊急発進（スクランブル）をかけ、米軍機が撃墜しました。残骸の回収と分析はカナダが請け負うそうです。

両国の共同活動にあたっては、「北米航空宇宙防衛司令部（NORAD）」が機能しています。「NORAD」は冷戦期の一九五八年に設立された統合防衛組織です。司令官は米大統領とカナダの首相に任命され、両国政府に報告の責任を負います。宇宙における人工物体の監視や、航空機、ミサイル、宇宙船による北米への攻撃を警告したり、両国空域の領空主権の確保が主任務です。

毎年、クリスマス・イブには、子供向けにウェブサイトで「サンタ追跡作戦」を展開することでも知られる組織です。一方で、北朝鮮のミサイル発射兆候の分析から、テロ対策、違法薬物取引の疑いのある航空機の検出、監視まで、活動範囲も広い精鋭部隊といえます。

陸続きのアメリカとカナダは常に良好な関係を保ってきました。カナダの人口密集地は、五大湖がある南端に集中し、米北部ミシガン州に近い地域です。現地では言語も単語の発音を除き、ほとんど米国民と見分けがつかない。当然、経済圏も一緒。それだけに、安全保障上の利害も一致しているのです。

カナダはロシアにも近く、ＮＯＲＡＤは冷戦期にはソ連の脅威に対抗する役割も大きかった。友好関係だけでなく、安全保障でも重要な位置関係にあります。脅威に対して共同作戦を遂行できる柔軟さは、非常に心強い。

僕は中国の軍事的脅威を受ける日本と台湾が、安全保障の枠組みとしてこれを参考にしたらいいと思います。日本には実質的に、日米同盟しかないからです。

気球問題にしても日台は他人事ではありません。中央通訊社が運営する日本語サイト「フォーカス台湾」によると、台湾中央気象局（気象庁に相当）は、台湾上空でも過去に気球が飛行していたとし、日本で二〇年六月に宮城県上空で確認された気球と「同型」との分析を公表しています。この件だけでも、重要な情報の共有はできると思います。

日本の安全保障体制はまだまだ不十分です。「気球や飛行物体、無人機を撃墜する法的根拠はない」とも言われていますが、不審な物体が日本の上空を飛んでいるのを、ただ指を咥《くわ》えて見ているしかないなんて、主権国家としておかしすぎます。国会は、国民の生命と財産を守るために、迅速に法整備に取り掛かるべきでしょう。

第二章

中国をつくった日本とアメリカ

I 日中友好か工作か

親中派から転向したのか

ケント 中国について最近の田原さんが書いているものを読むと、田原さんは親中派から転向したのかなと思うんですね。

たとえば、「週刊朝日」の記事「リベラル派の岸田首相に突きつけられた安全保障の再考」（二〇二二年一〇月一九日）で次のように書いています。

《日本にとって、安全保障上の一番の問題は「台湾有事」である。米国の国防総省筋は、数年後に中国が台湾に武力攻撃をする、と予測している。

バイデン大統領は5月の日米首脳会談の際、もしも中国が台湾を攻撃したら、米国は台湾を守るために軍事介入する、と明言した。つまり、中国と戦う、ということだ。安倍氏は、台湾有事は日本有事だ、と言った。台湾有事になれば、日本も戦わざるを得なくなる。

だが、日本はそのような対応策は何もできていない。だから、私は岸田政権の幹部たちに、台湾有事という事態を生じさせない方策を考えて、日本がそれをやってのけるべきだ、と強く申し入れた。

バイデン氏が大統領就任後、最初の首脳会談の相手に日本を選んだのは、米中対立について、日本に特別の期待をしていたからだ。

台湾有事という事態を生じさせないためには、どうすればよいのか。水面下で懸命に進められていることを期待する》

また、「田原総一朗氏『米国の戦略が大きく変わった』、日米首脳会談後の日本の進路」（ダイヤモンドオンライン　二〇二二年五月二七日）でも、

《今回の日米首脳会談では、バイデン大統領は「中国が台湾へ軍事侵攻した場合、軍

事戦略を辞さない」と答えた。ウクライナ戦争では軍隊を派遣しないと答えていたのとは、大きな違いだ。そうなると、台湾有事の時に日本はどうすべきか？　これまでのようなあいまいな態度は通用しない。日本の決意が迫られることになる》

と日本に決意することを促しています。しごくまっとうな意見だと思いますが、親中派から転向したんですか？

田原　いやそうじゃない。これまで僕がずっと言い続けてきたことだけれど、日本は米中の〝パイプ役〟になるべきだ。もちろん、アメリカとの同盟関係は堅持すべきですが、その地政学的意義や極東政策が変われば、日本は切り捨てられる可能性がある。同盟国としての日本の重要性をアメリカに認識させ続けるために、日本に何ができるか。中国とのパイプ役しかない。

なぜなら、現にそうであるように、米中は絶対にうまくいかない。経済は開放、政治は共産党独裁という中国の矛盾を、アメリカは決して容認しない。しかし、中国もこのポリシーを転換することはない。

米中両国は本当のパイプを持てない。なぜか。欧米は論理的な一貫性を求めるが、中国やアジアの国には論理的一貫性などない。しかし日本はその両方を知っている。だから日本は米中のパイプ役になれるのです。

中国経済がうまくいっているうちは何とか関係は保てた。しかし経済が失速した中国はおのずと政治が強くなる。国内の不満が高まれば対外侵攻に出ざるをえなくなるでしょう。しかも、アメリカも中国も、自分たちが世界一だと思っている。かたや中華思想の元祖だし、かたやパックス・アメリカーナという名の中華思想の権化。日本やヨーロッパが「自然国家」だとすれば、米国、中国はどちらも巨大な「人工国家」だと言ったのは中曾根さんですが、まさに人工国家同士が対立している。

しかし、ここにこそ、日本の役割があるのです。

日本は米中の〝パイプ役〟になれるのか

ケント　確かに今の中国にアメリカが何を言っても信用しないでしょう。それを日本がしてくれるのはいいことです。

たとえばインドはアメリカにとっては難しい国です。インドの「非同盟中立」は建前にすぎず、ロシアと蜜月といってよいような関係にある。軍事協力があり、インドの武器の大半がロシア製です。ウクライナ戦争においても、日米欧の経済制裁には加わらず、中国とともにロシア産の石油の輸入を増やしています。

歴史的ないきさつから、イギリスをはじめとするヨーロッパに複雑な感情がある。だから、インドとの関係が良好な日本が間に入ってくれるのは、非常にありがたい。欧米だけでは対中包囲網である日米豪印戦略対話（QUAD：クアッド）のような枠組みはできるはずがありませんでした。

また、イランのような反米国家ともパイプがある。そういう意味では日本の役割は重要なのです。

しかし、日本に本当にその外交力があるのか。第一、日本人の対中感情も相当悪化していています。

田原　いや、日本人が嫌いなのは中国共産党であって、三国志や孔子の中国は今でも好きだし、尊敬さえしているでしょう。

ケント　たとえば、一九七九年から二〇一六年度まで、日本は対中国政府開発援助（ＯＤＡ）として、円借款で三兆三一六五億円、無償資金協力一五七六億円、技術協力一八四五億円の援助を行っていますが、その事実を中国国民はほとんど知りません。しかも、中国は日本から巨額の援助を受けている立場で、ベトナムや東ティモールなど合計一五カ国に、約六〇〇億円の援助を提供している。ＯＤＡは「戦後最大の失敗」と評されています。

一九九四年には江沢民政権が「愛国主義教育実施要綱」いわゆる「反日教育」を制定。九八年に訪日した江沢民は「日本政府による歴史教育が不十分だから、（国民の）不幸な歴史に対する知識が極めて乏しい」と発言して、日本の歴史教育を激しく非難する始末。日韓共同宣言の「痛切な反省と心からのお詫び」と同様の記述を日中共同宣言に明記するよう要求する。一一月二六日の明仁天皇主催の豊明殿での宮中晩餐会でも日本批判を繰り返し、これにはさすがの日本国民も怒った。

靖国問題にしても、完全に日本への内政干渉です。中曾根さんが悪い。それまで中国は首相の靖国参拝に対して何も言ってこなかったのに、中曾根さんが参拝を自粛した。以来、中国は首相の靖国参拝を外交問題に発展させてしまった。

しかし、より酷いのは中国へ入国した日本人を、スパイなどの冤罪で拘束し続けていることです。二〇一五年以降、少なくとも一五人がその被害に遭っているのに、外務省はまともな対応もせず放置状態です。

田原　問題は日本の政治家に中国と腹を割って話のできる人がいないことだよ。田中角栄のように中国とネゴシエーションができる政治家が今はいない。中国に言いたいこと、言わなければいけないことを言えないのがダメだ。

ケント　特に酷いのが宮沢喜一。昭和五七年の官房長官時代に、「教科書誤報事件」への対応で、取り返しのつかない失政をしています。文部省の歴史教科書検定において、実際にはそのような事実はなかったにもかかわらず、中国への「侵略」を「進出」と教科書を書き換えさせたとして、中国、韓国が猛抗議してきた。それなのに宮沢官房長官は「政治の責任において教科書記述を是正する。今後の教科書検定では基準を改め、近隣諸国との友好、親善が十分実現するように配慮する」と発言。以来、教科書の記述において近隣諸国条項が考慮されるようになった。このいわゆる「宮沢談話」のせいで、中韓は日本の歴史教科書に対し口出しするようになったのです。

また、悪名高い「河野談話」が出たのも宮沢政権のときです。慰安婦の強制連行を示す証拠など何もないのにこれを認めてしまった。いまだに日韓の火種となっています。

中国大使も酷い。直木賞作家の深田祐介氏が書いていたことですが、二〇一〇年から一二年まで中国大使を務めた丹羽宇一郎氏は、「将来は大中華圏の時代が到来します」と言い切ったといいます。日本の立場は？　と反問した深田氏に対し「日本は中国の属国として生きて行けばいいのです」と自信満々に明言したそうです。「それが日本が幸福かつ安全に生きる道」だと（「WiLL」二〇一二年七月号）。

これは「売国奴」と言われても反論できませんよ。そういう人を中国大使として中国に送り込むのもどうかと思いますが。

中国への贖罪意識

田原　日本人はどうしても過去の歴史から中国への負い目がある。中国を侵略し、南京大虐殺のようなことも起こした。否定する意見もありますが、僕は南京の大虐殺はあったと思っている。あの事件の一番の原因は、蒋介石。南京で大攻防戦をやろうと言ったのは総司令官の蒋介石なのに、その総司令官がまず逃げ、前の晩には、死守を宣言していた南京防衛軍の唐生智《とうせいち》司令官が、まだ戦っている部下を置き去りにして逃げてしまった。

指揮系統が壊れた軍隊はバラバラになり、そこへ日本軍がどっと攻め込んだ。しかし、すでに軍隊はいない。そして南京の城の一番上まで行ったら、途中に軍服があちこち脱ぎ捨てられてあった。つまり中国兵は私服を着た「便衣兵《べんいへい》」に化けた。そして彼らは一般市民の間に紛れ込んだ。そこで行ったのが掃討戦で、それでずいぶん死んだと思います。

歴史家の秦郁彦さんは四万人くらいだろうと言っていますが、僕もそのくらいではないかと思っています。もちろん、それでも多数の市民を殺したことは事実で、それは認めるしかない。

実は、南京へは軍人だけが先に入って兵站《へいたん》部が来なかった。だからコメがなかった。建築屋もいないから捕虜収容所も建てられなかった。略奪や掃討も、そういう事情があったからです。

加えて、日中国交正常化交渉の際には、日本への戦争賠償金の請求を放棄したという経緯もある。ＯＤＡはその代わりという暗黙があるためです。

実は反日教育で困っているのは当の中国自身です。いまはメールの時代だから、日本にちょっと甘くすると、政府攻撃のメールがガンガンくる。中国の政府筋からよく聞くのは、自分たちがやった反日教育が徹底しすぎて、日本に強気な姿勢を見せ続けなければならなくなって困っている、そこを理解してほしいと。

それから中曾根さんが靖国参拝をやめたのは、中国の総書記だった胡耀邦《こようほう》を守るためでした。

中曾根さんと胡耀邦の関係は親密で、外務省が二〇一七年に公表した外交文書で明らかにされたように、胡耀邦が中曾根さんとの会談で、中国共産党の人事まで話題にしていたほどだ。

したがって、日本の首相のA級戦犯を合祀する靖国神社への参拝を許せば胡耀邦は弱腰だとして、中国政府批判の暴動が起きかねない。それで中曾根さんは参拝をとりやめた。

「日中友好」に歪められた日中関係

ケント 「日中友好」の名のもとに、中国と親中派の政治家たちがいかに日中関係を歪め、世界侵略の野望さえ隠さなくなった中国を育てたか。その全貌を明らかにしたのが、門田隆将さんの『日中友好侵略史』ですが、本書によると、田中角栄以前の自民党政治家は中国と腹蔵なくネゴシエーションできたが、むしろ角栄以後にそれがなくなったといいます。

たとえば、終戦当時に農林大臣を務めた松村謙三がいます。一九五九年の訪中以来、一貫して日中友好に努力、両国のパイプ役として貴重な存在であったと評されている政治家です。しかし、五八年五月に長崎で開かれた「中国切手、剪紙《せんし》、錦織展示会」で、中国の国旗が日本の右翼により引き下ろされた「長崎国旗事件」が起きたとき、周恩来が、「これは日米同盟を重視する岸信介首相の指示であることは疑いない」と非難してきたが、それに対して松村謙三は次のように堂々と反論した。

《「中ソ同盟条約にしても、中国は本心から日本と戦うつもりで締結したものではないと思う。日米安保もこれと同じようなものである」》（『日中友好侵略史』）

すなわち、日米同盟＝中国敵視ではないと説いた。これで日中はうまくいったのです。

しかし、周恩来がそう批判せざるをえないくらい、米中は対立していました。毛沢東が仕掛けた文化大革命により疲弊したうえ、アメリカとの対立も鮮明となって、困っていたのは中国のほうだった。

亀井勝一郎が『中国の旅』のなかで紹介した周恩来の挨拶にそれがよく表れている。

《「いまお國の池田首相はアメリカとイギリスを訪問してゐます。中國との關係について、いろいろ相談するためですが、中國との關係なら、一度でい丶から我が國を訪問されてもい丶ではないですか。どうして我が國に相談に來てくれないのでせうか。いま我が國はアメリカ帝國主義を徹底的に攻撃してゐるのは事實《じじつ》です。またアメリカも我が國を憎み、敵視してゐます。かういふ場合、日本はその間に立つて仲介の労《ろう》

をとり、橋わたしの役割をつとめてくれてもい、と私は思つてゐます」》（同前）

明らかに日本を頼っていたのは中国だった。門田さんは次のように書きます。

《「文化大革命のさなかにある中国は、大地は荒れ果て、インフラもなく、人口だけは多いものの、完全な後進国であり、日本の資金と技術、ノウハウによって、国家自体を建て直さなければならなかった。

日本との関係改善をなにより望んでいたのは、中国の側である。しかし、次章で詳述するように日本は、そんな中国の実情をなにひとつ摑んでいなかった。ただ「手柄」に目が眩んだ政治家によって、「日中国交正常化」という歴史的出来事に向かって突っ走っていたのである。必要な調査や研究を怠り、中国の工作によって掌で転がされ、「ことここに至っていた」のだ》

今の親中派はこの系譜、しかも劣化版な気がしてならないんです（笑）。

尖閣問題の元凶は日中航空協定

田原　ケントさんのように反中の人が日本に多くて困る（笑）。しかし、それ以上に中国と田中角栄を厳しく批判したのは石原慎太郎さんだ。石原さんはテレビでも何でも中国を「支那」と言ってはばからないんだからね。中国については何度見解が割れて議論を戦わせたかわからない。対談本も二冊出した（『勝つ日本』『日本の力』いずれも文藝春秋）。

石原さんは日中国交正常化後の一九七四年に締結された「日中航空協定」における日本外交を「拙劣だ」と、ことのほか批判していた。

なぜなら航空協定が、船舶や貿易に係る協定よりも、直裁に政治的かつ軍事的性格のものであることは外交の常識なのに、日本の政治家は相手の言うがままに「すがって媚びへつらうマゾヒスティックな姿勢の羅列だった」（石原慎太郎『国家なる幻影』文藝春秋）からだ。同時にこの協定により台湾を切り捨て、メンツを真っ向から傷つけた。そしてこのときの政治家の卑屈な対応が尖閣問題を誘発したと。

領海・排他的経済水域等模式図

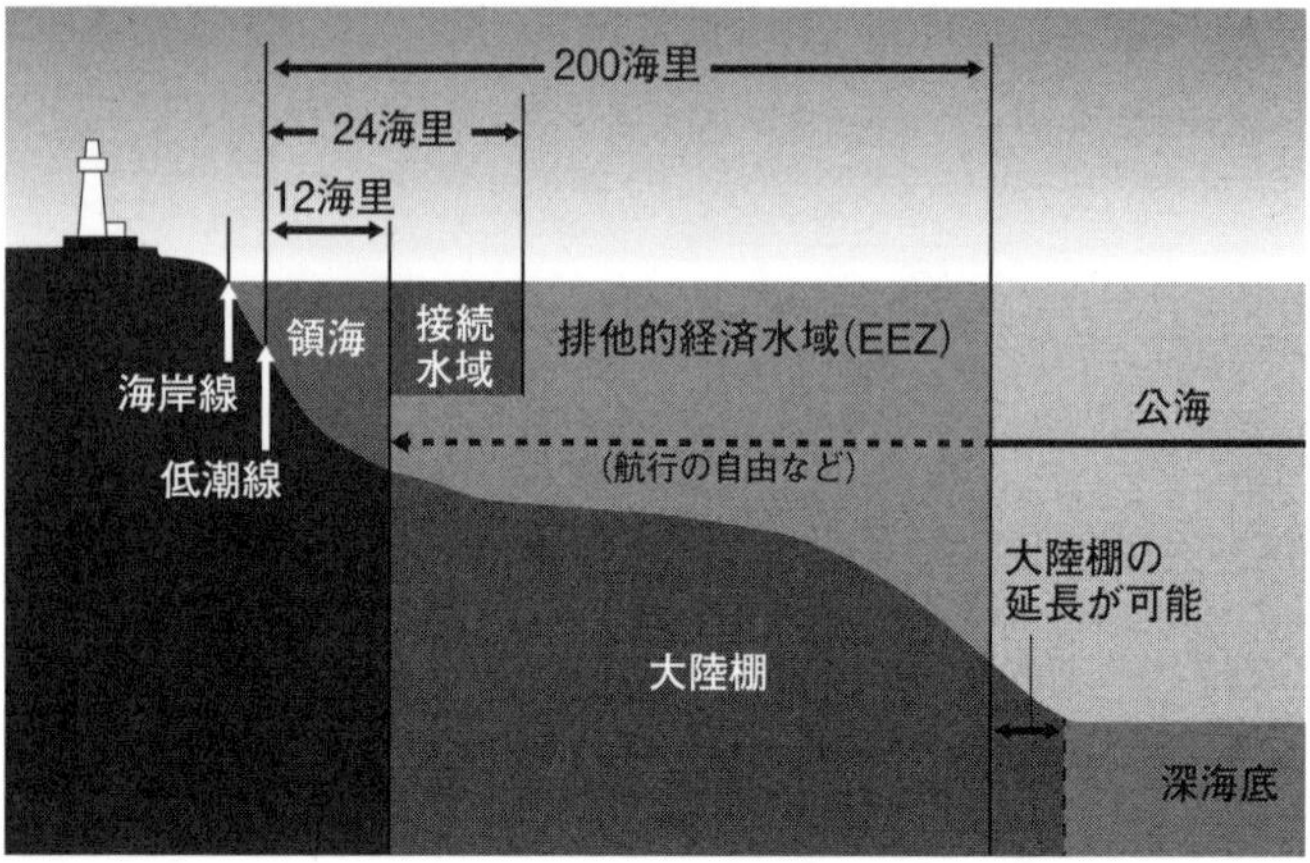

海上保安庁のホームページを参考に作成

角栄については晩年に『天才』（幻冬舎）を書いて再評価したけどね。

ケント　尖閣の話が出たので言いますが、二〇二二年は尖閣諸島周辺で領海侵犯した中国当局の船が確認されたのは合計三三六日となり、二〇一二年の尖閣国有化以降で最多を更新しました。

田原　これは問題だ。中国は日本がとうてい呑めないような主張をしている。尖閣諸島の領有権問題は、排他的経済水域に関係します。つまり、沿岸から二〇〇海里以内の漁業資源や海底資源の権利は、国連海洋法条約で認められていますが、日本と中国間の距離は四〇〇海里に足りず、互いに二〇〇海里が設定できない。そこで日本は日中の間に中間線を引いたのですが、これに中国が反発。中国は尖閣諸島は自国の領土だと主張しているけれど、そこから中間線を引くと、日本は海がなくなってしまう。とんでもないことです。

しかし、実はこれもアメリカが悪い。一番悪いのは、ニクソン大統領のときの特別補佐官だったキッシンジャーだ。七二年の沖縄返還交渉で、沖縄と一緒に尖閣諸島も返還されたはず。アメリカは尖閣諸島も日米安保条約にいう日本の施政下にある領土であり、適用範囲であることを明確にしています。

ところがキッシンジャーはそのとき、中国と国交を回復しようと思ったのでしょう、第二項で、「ただし領土問題にはアメリカは関与しない、中立の立場をとる」と謳った。これが災いの種となりました。

また、二〇一二年一〇月には、国務省のバーンズ副長官も、アメリカは領土問題で特定の立場をとらないと強調した。

ケント　それはそうですね。中国だけじゃなく台湾も尖閣を自国の領土だと主張していましたが、アメリカは曖昧な立場をとった。

しかし、106ページの資料に示したとおり、尖閣は歴史的にもまぎれもなく日本

日本の排他的経済水域

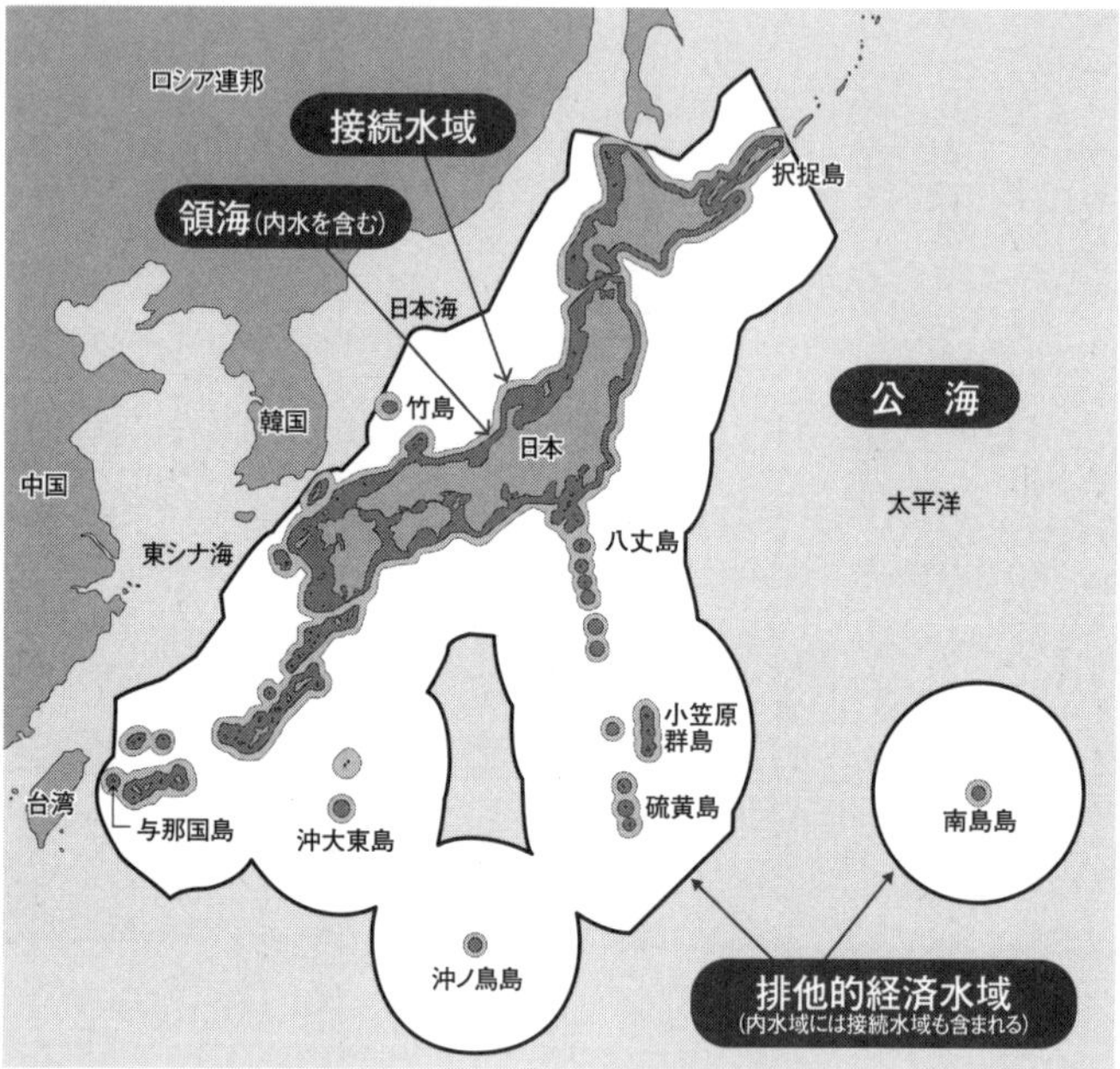

海上保安庁のホームページを参考に作成

の固有の領土です。

曖昧といえば日米安全保障条約五条もそうです。これは日本の施政下で武力攻撃があったときに、アメリカが日本を守る義務を定めたものです。しかし一九五一年に結んだ旧安保条約は対日防衛義務が明確でなく、六〇年の安保改定で明示されました。そして、二〇一〇年に沖縄県・尖閣諸島沖で中国漁船衝突事件が起きたあと、一四年に米大統領として初めてオバマ大統領が尖閣への適用を明言。トランプ大統領も一七年二月、安倍首相との首脳会談で適用を確認している。バイデン政権も尖閣を日米安保条約五条の適用範囲だと言っています。しかし、実はそれだけで日本は安心してはいけない。なぜかというと、第五条の適応を無意味にできるようなシナリオが無数にあるからです。まず何をもって「武力攻撃」とするのか。中国は曖昧なところを突けばいい。

ありそうなのは、不法漁民が尖閣に上陸してとどまるケース。事故や悪天候を理由に緊急事態に仕立てて、救助という名目で軍が動くケースなど。

田原　台湾侵攻同様、そんなことをすれば中国は自滅するということを、日本政府は釘をささなくてはならない。

ところで、尖閣諸島に近い日中中間線のそばで、中国が天然ガスの開発をしていることがわかったのが二〇〇四年。春暁ガス田です。じつは日中中間線で分けると、中国側は三割で、日本側に七割の権利部分がある。だから四〇年前から日本の業者が開発に手をつけたいと言ってきた。しかし、当時の通産省（現経産省）と外務省がＯＫしない。中国はすでに開発を始めているのに。

尖閣が日本固有の領土である論拠　――茂木弘道氏がまとめた文書をもとに作成

1　日本が尖閣諸島を領有するに至った経過

・尖閣諸島の存在は、中国からの公開記録などに載っているが、人跡未踏の地であり、中国（明・清）の領土ではなく、また日本（沖縄）の領土でもなかった。
・安政六年（一八五九年）、沖縄の役人・大城永保が数次にわたり調査を行い、この結果が沖縄県役人・石坂兵吾から県令に報告された。この調査により、この島の付近が優れた漁場であることが発見された。
・明治一七年（一八八四年）、古賀辰四郎が尖閣諸島に上陸し、翌年、島の開拓許可を沖縄県令に願い出た。
・明治一八年（一八八五年）、内務省が沖縄県に、尖閣諸島の調査を命じた。
・一一月四日、詳細な報告書が提出された。
・一一月五日、沖縄県令は国標設置を内務卿に上申。
・領有については見送られたが、地図、漁業など、実質的には領有化が進んでいった。
・明治二六年（一八九三年）、国標設置の上申書が再度出され、翌年、日本領有が決定した。
・日本領有決定に対して、清国を含むどの国からも抗議が提起されることはなかった。

2　尖閣諸島が明・清の領土でなかった証拠

清の公式文書である『清会典』は、康熙二三年（一六六八年）、一六二巻が編纂された。光緒二四年（一八九九年）の改訂版には、台湾省全図、台湾府図、台南府図、台東州図が掲載されている。付属諸島も載っているが、このなかに尖閣はない（要するに、尖閣は台湾の付属地ではなかった）。

また、本土の福州の付属地でもない（地図に載っていない）。

これらの事実から、尖閣は、台湾、あるいは本土の付属地ではなかったことがわかる。すなわち、清の領土ではなかったのである。

したがって、無主の地であったことが明確であり、その無主の地を先占の権利を行使して、日本政府が日本領と決定したことは、国際法的に完全に合法であったということである。

3　尖閣諸島の実効支配

・尖閣の開拓を許可された古賀辰四郎は、開拓を進め、明治四〇年（一九〇七年）には、魚釣島、久場島において、開墾面積六〇余町歩、住民九九戸、二四八人を数えるに至っている。

4　米占領下の尖閣

・米軍占領下で、久場島と大正島が米軍の演習地として使用されたが、持ち主の古賀善治との間に、賃貸契約が結ばれている。（写真ⅰ）

・台湾などからの不法入国者の上陸を防ぐため、昭和四五年（一八七〇年）アメリカ陸軍省の指示にもとづき、「琉球列島住民以外の者の、尖閣諸島への不法入国を禁止した警告板」が立てられている。（写真ⅱ）

5　中国の領有権主張

・昭和四六年（一九七一年）、それまで一度も尖閣の領有権を主張してこなかった中国が、突如、近代国際法では話にならない論拠を並べて、その領有権を主張し出した。それは、国連極東経済委員会（ECAFE）がこの海域で調査を実施した結果、地下資源存在の可能性が指摘されたためと思われる。

6　中国自身が尖閣は日本領と認めてきた証拠五点

① **『世界地図集』（一九六〇年、北京市地図出版社）**（写真ⅲ）

ⅰ 米軍が演習地とした久場島と大正島について、古賀善治と結んだ賃貸契約書。

ⅱ アメリカ陸軍省の指示で立てられた、尖閣諸島への不法入国を禁止する警告板。

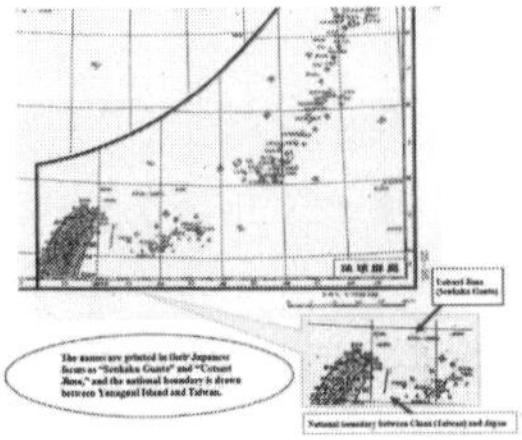

ⅲ 中華人民共和国公認の地図『世界地図集』では、尖閣が日本の領域と記されている。

共産中国成立から一〇年以上も経って出版された国家公認の地図である。尖閣が日本の領域に表示されている。

②『世界地図集　第1冊　東亜諸国』（一九六五年、台湾の「国防研究院」と「中国地学研究所」が共同で出版）（写真iv）

台湾と日本との国境線が、尖閣と台湾の間に伸びている。

③中華民国長崎領事からの感謝状（大正九年、一九二〇年）（写真v）

魚釣島付近で遭難した中国福建省の漁民三一人を、古賀善治らが救助し、全員無事に送還したことに対して送られた感謝状。「日本帝国沖縄県八重山郡尖閣列島」と記されている。

④一九六九年、中国政府政策の機密扱いの地図（Washington Times二〇二〇年九月一五日号掲載）（写真vi）

尖閣諸島は、日本領として色分けされている。

⑤『人民日報』一九五三年一月八日号（写真vii）

第四面に掲載された記事。タイトルは、「琉球群島人民のアメリカの占領に対して戦う」とあり、その冒頭で、「琉球群島は我が国台湾の東北から日本の九州西南の間の海上に散在し、尖閣諸島、崎島諸島、大東諸島。沖縄諸島、奄美群島、トカラ列島、大隅諸島など七組の島々からなり」と、七つの群島の真っ先に尖閣が取り上げられている。

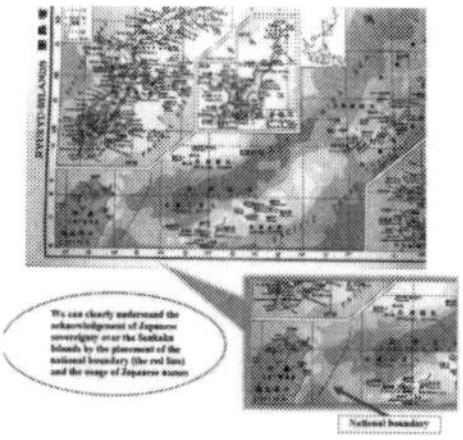

iv 台湾で一九六五年に出版された『世界地図集　第1冊　東亜諸国』。台湾と日本の国境線が、尖閣と台湾の間に引かれている。

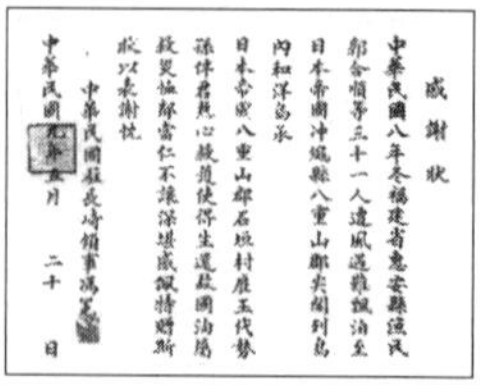

感謝狀

中華民國八年冬福建省惠安縣漁民郭合順等三十一人遭風遇難飄泊至日本帝國沖繩縣八重山郡尖閣列島內和洋島承日本帝國八重山郡石垣村雇玉代勢孫伴君熱心救護使得生還故國洵屬救災恤鄰當仁不讓深堪感佩特贈斯狀以表謝忱

中華民國駐長崎領事馮冕

中華民國九年五月二十日

v 中華民国長崎領事からの感謝状には、「日本帝国沖縄県八重山郡尖閣列島」と記されている。

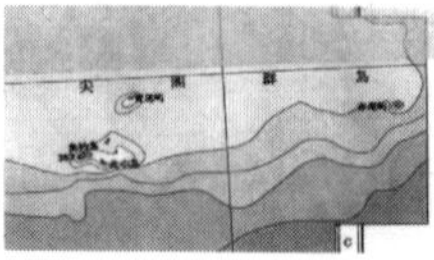

vi 中国政府政策の機密扱いの地図には、尖閣諸島が日本領として色分けされている。

vii『人民日報』一九五三年一月八日号。琉球群島のトップに、尖閣諸島が挙げられている。

当時、中川昭一経済産業大臣が『サンデープロジェクト』に出演して、面白いことを言っていました。コップに水を入れて、上から見ると、日本は三分の二の表面があり、中国は三分の一しか見えないけど、中国が自分のところにストローを入れて吸い出すと、日本のほうも全部吸われてしまう。

ところが経産省も外務省も、この開発を認めようとしない。つまり日本はまだストローの用意もしていないわけで、いかに戦略がないかという証明です。

ケント　結局、「尖閣の問題はやっかいだから、われわれの後世の頭のいい人間たちに任せよう」という鄧小平の甘言にまんまと乗せられてしまった。中国からすれば、「棚上げ論」は経済成長路線を軌道に乗せるために、日本の資金と技術の援助が欲しくてした妥協にすぎない。

しかもなお悪いのは、棚上げ論に乗ったことにより、日本政府は尖閣諸島が領土問題であることを暗に認めてしまったことです。一九九二年九月、中国は「領海法」を制定・実施し、尖閣を正式に「中国の領土」とした。

この問題を棚上げし続ける外務省と、法整備し、ほぼ一年中領海侵犯を繰り返し、実質支配下に置こうとする中国共産党。尖閣諸島が日本固有の領土である事実を根気よく訴え続けて、中国に対してスキを見せてはいけない。

日本と台湾には本当のパイプ役がいた

田原　好き嫌いはともかくとして、一四億人の国は日本にとって重要な市場で、中国との貿易額は二〇〇四年以降、対米貿易額を上回りました。嫌いだといって、この市場から目をそむけるのは少なくとも戦略的ではない。日本政府も企業もそう思って中国との関係を構築し続けてきた。

ケント　それは結構ですが、中国と有事になった場合、中国進出企業の従業員たちはもれなく〝人質〟になることを本当に理解しているのでしょうか？　もちろん、アメリカ企業にもいえることですが。

また、共産党による日本国内での〝赤い浸透工作〟もそうとう進んでいる可能性が高い。金銭的・経済的に牛耳ったり、自国に有利な思想を相手国民に植え付けて内部から腐らせて思い通りにする〝間接統治〟は中国のお家芸です。

法務省の統計発表によれば在日中国人は八一万人以上（二〇一九年末）もいます。

しかも中国には二〇一〇年に施行した「国防動員法」という法律がある。これは「中国国内で有事が発生した際には、全国人民代表大会常務委員会の決定のもとで動員令が発令され、一八歳から六〇歳の男性と一八歳から五五歳の女性が国防義務の対象者となる。国防の義務を履行せず、また拒否する者は、罰金または、刑事責任に問われることもある」と規定されています。つまり、日本を敵対象とするような有事が起こった際には、日本国内にいる八〇数万人の在日中国人が、一斉に中国のために敵対行動に動き出す可能性があるのです。

ＦＢＩのクリストファー・レイ長官は「アメリカにとっての長期的で最大の脅威は、中国のスパイ活動だ」とし、中国による技術盗用の横行を指摘して、「ＦＢＩが取り扱う五〇〇〇件のスパイ事件の半分は中国に関連しており、今や約一〇時間毎に中国のスパイ活動を確認している」ことを明らかにしました（二〇二〇年七月）。言うまでもなく日本も同様の事態に見舞われていると考えたほうがいいでしょう。

中国語や中国文化を普及するための機関という名目で設置されている孔子学院が、中国共産党のスパイ工作機関であることはよく知られています。日本には一五カ所ありますが、大丈夫でしょうか。

田原　そんなもの、どうってことない。日本が極秘で世界戦略でも持っているのなら話は別だけど。何もないんだから。

ケント　それはそれで大問題ですが（笑）。

田原　とにかく中国を孤立させないことです。そのために日本は台湾ともっと積極的に接近する必要がある。それが戦略というものでしょう。

一九七二年に毛沢東、周恩来と田中角栄が日中国交正常化を行ったとき、周恩来たちは中国国民、そして日本の国民に対しても、次のように語りかけました。

「中国では今まで、日本は中国を侵略した国ということで、日本人は敵ということになっていた。しかし、侵略戦争をしたのは日本の軍の幹部たちであり、その他の一般の日本人はむしろ犠牲者だ。だから中国はそうした日本人とは仲良くできるし、仲良くすべきだ」

中国側はこのような理論で、国交正常化を成立させたのです。

ケント　しかしその日中国交正常化の裏には日華断交があることを多くの日本人は忘れてます。それにもかかわらず台湾は「世界一の親日国」といわれ、東日本大震災では人口二三〇〇万人の国が約二五〇億円の義援金を贈ってくれたのです。

門田さんの本によると、断交後も日台の間では民間交流として関係が続き、そのキーマンとなったのが自民党青年局に務めていた松本彧彦《あやひこ》氏でした。日中国交正常化に前のめりになった日本に激怒した台湾は、日本政府が理解を求めるべく派遣しようとした椎名悦三郎特使を拒絶。日台のあらゆるルートが断たれるなかにあって日本政府が最後に頼ったのが、この人の個人ルートだったのです。パイプ役とはまさにこういう人のことをいうのだと思います。二階さんや林さんがそういう政治家であるとは、僕にはどうしても思えません。

田原　僕は、米中対立、そして台湾問題のカギを握るのは林芳正外相ではないかと思う。

習近平がもっとも日本で信頼しているのが自民党の二階俊博。二階さんは二度にわたり、大規模訪中団を率いて北京を訪れた実績がある。二〇〇二年九月の日中国交正常化三〇周年記念式典には、国会議員や経済人ら一万三〇〇〇人を引き連れた。また、二〇一五年五月には、両国の観光業発展を期して、民間企業幹部ら三〇〇〇人を連れて人民大会堂に乗り込んだ。

その二階さんに以前、「あなたも八〇歳なのだから、後継者を決めたほうがいい」

と言った。誰が良いだろうかという話になり、林さんの名前が挙がった。その後、林さんと二階さんと何度か会うことになった。

面白いのは、岸田首相は、林さんが二階さんの後継者だと百も承知で、安倍さんの反対を押し切って外相に抜てきした。つまりこれは、台湾問題に積極的に取り組むという証拠であり、米中対立の渦に巻き込まれたままではなく、日本としても主体的に米中の仲をとりまとめようという、岸田政権の強い意思の現れではないかと思う。

ケント　いや、林氏を外相に就けたということで、アメリカの中国専門家たちは、日本は中国に付くのではないかと岸田政権に対して不信感を抱いています。

田原　そんな少数意見はどうでもいい！

ケント　いまや米議会では中国を敵対視している人たちが多数派です！「日中友好」を言うのはいいです。そして日本の政治家はその言葉に配慮し、忖度し、忠実に行動している。それもいいとしましょう。では中国共産党の政治家はどうですか。日本人に対しどのような配慮をしてきたのですか？　日米同盟も片務的ですが日中関係は完全に一方的です。挙句、中国の首相だった李鵬には「三〇年後に日本はなくなる」とまで侮《あなど》られた。

田原　ダライ・ラマ一四世が中国とアメリカに対して興味深いことを言っていた。僕は、二〇〇〇年四月に来日した折に取材したのですが、ダライ・ラマは「チベットは一九五九年以来、中国の植民地の状態で、いま植民地を持っている国は、世界中で中国だけなんです」と。そこで、「それにしてもアメリカはどうして中国の植民地主義、帝国主義的政策に対して何も言わないんでしょう」と訊いたら、ダライ・ラマは「アメリカという国は損になることは言わないんですよ。アメリカという国は自国の得になることを正義と呼ぶ国なんです」と言うのです。

ケント　結局、日本とアメリカの企業が経済優先とばかりに中国に進出して投資したことにより、現在の巨大中国を育ててしまった。そのツケを今払わせられているともいえます。だからこそ世界に先駆けて中国を押さえる責任が、日米両国にはあるのだと思います。

II 中国習近平独裁　侵攻か崩壊か

台湾侵攻はない!?

田原　大問題は中国が台湾を武力統一するかどうか。二〇二二年一〇月の共産党大会で異例の「三期目入り」を果たした習近平は、台湾を確実に統一するためには「決して武力行使の放棄を約束しない」と言った。こんな発言をしたのは初めてのことだ。

ケント　中国の台湾侵攻はこの一、二年の間に起きるという識者がいますが、いかがでしょうか?

田原　僕は起きないと思う。

ケント　ほう、なぜですか?

田原　実は僕も党大会での武力行使も辞さないという習近平の発言は心配になった。

中国の第1列島線と第2列島線

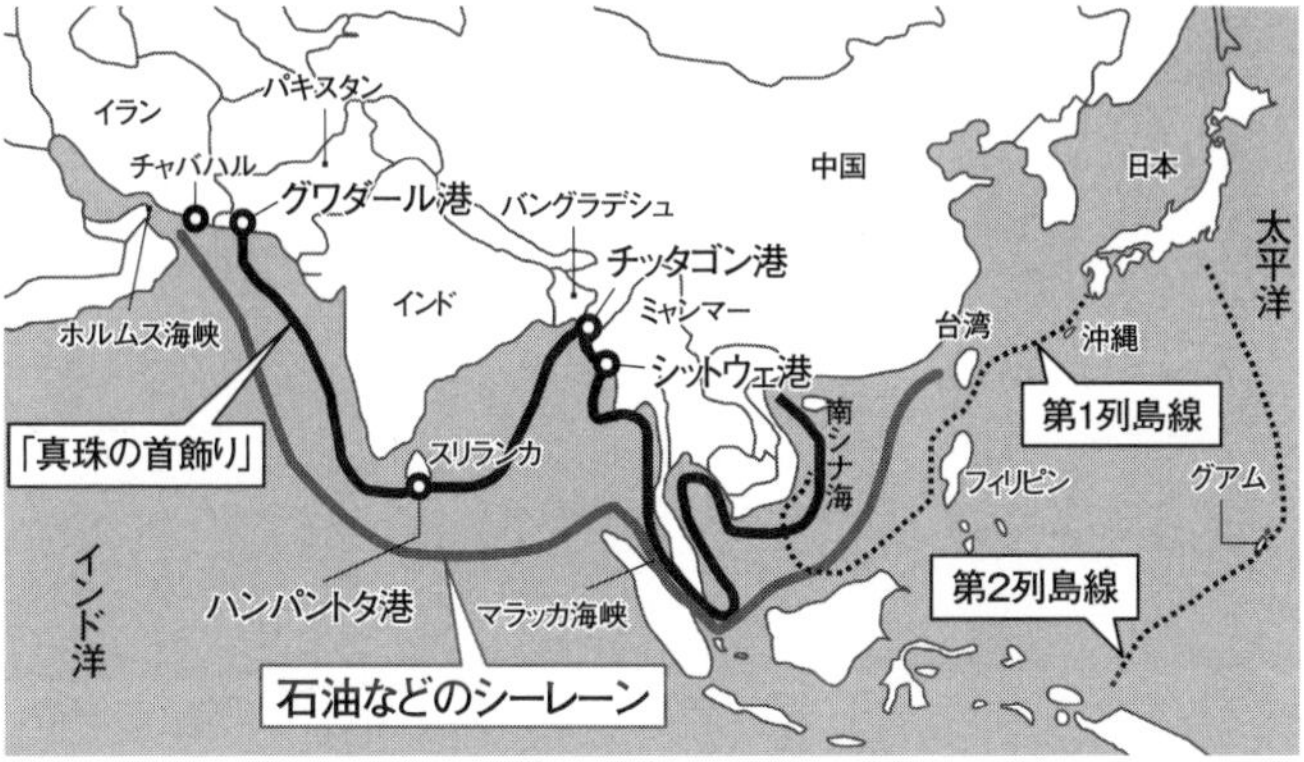

第1列島線は、九州沖から沖縄、台湾、フィリピンを結び南シナ海に至る。第2列島線は、日本から小笠原諸島、グアムを結んだ線。いずれも中国が独自に設定した防衛ラインで、中国はこの2つの線の内側を自国の勢力圏内としている。

そこで習近平がもっとも信頼しているといわれている自民党の幹部に直接会って、こう説いた。

武力行使が現実に起きれば、アメリカとの戦いになり、第三次世界大戦になりかねない。だから、習近平に会い、台湾に武力行使などすべきではないと説得すべきだ。たとえ第三次世界大戦にならなくても、もし中国が台湾を取りにいったらアメリカも黙っていない。中国包囲網ができる。そうなれば損をするのは中国だ。

すると、その自民党幹部は、「習氏があのようなことを言ったのは、言わざるをえない立場に追い込まれたからだろう。だが、実際に台湾に武力行使などしたら、中国にとって大ダメージになるとわかっているはずだ。習氏はそういう判断力は持っている。だから、ここは静かに見守ってやりたい」と落ち着いた口調で語った。

なるほど習近平にそうした判断力があるからこそ、このように分析する自民党幹部を高く信頼しているのだろうと、改めて納得したわけです。

ケント　習近平が国内での政治的立場を確立させるために、強硬意見を言わざるをえないというところまでは僕も同意します。第一、現時点での米中の軍事力から考えると、もし中国軍が台湾に侵攻しても、米軍が出動すれば失敗するでしょう。ただ、今後数年以内にそれが可能となる軍事力を、中国が持つことは間違いない。

だから、中国を静かに見守るというわけにはまったくいかない。日本は抑止力を高めなければならないし、中国が台湾に侵攻しないことを期待してはいけない。中国がどうやって台湾を取りにくるかのシミュレーションを考えて対策を練る必要がある。

恐らく四つのシナリオが考えられます。

まず第一のシナリオは、これまでのように曖昧なままにする。第二に、台湾上陸はしないけれども、サイバー戦や経済制裁を行う。第三に、離島など限定的な軍事行動に出る。そして第四に、台湾に中国軍が上陸して侵略戦争を始める。田原さんはどう思われますか？

田原　やはり台湾の国民をいかに親中にするかでしょう。現に、二〇二二年一一月下旬に行われた台湾の地方選挙では、蔡英文総統率いる民進党が〝大敗〟して、親中派の国民党が躍進している。蔡英文は引責辞任に追い込まれた。

ケント　ただ、蔡さんは党首を辞任したとはいえ、台湾総統としての任期がまだ一年以上あるし、台湾の地方選挙はアメリカの中間選挙のようなものですから、そこまで心配する必要はない、と僕は見ています。

したがって、台湾が急に親中になったわけでも何でもない。その観点からすれば、習近平政権の香港弾圧は中国にとって世紀の愚策。二〇二〇年七月一日に施行された「香港国家安全維持法（国安法）」によって、台湾国民の大多数は一国二制度が欺瞞《ぎまん》だったことを目の当たりにした。

台湾の国民は、向こう一〇年は中国のどのような甘言もプロパガンダも認めないでしょう。

では軍事衝突が起きるかですが、僕自身は中国は軍事的威嚇をやり続けはしても、しかしながら、いきなり台湾に上陸することはないと思っています。

軍事侵攻か海上封鎖か

ケント　たとえば、長谷川幸洋氏は「海上封鎖とサイバー攻撃」のミックス・シナリオに警鐘を鳴らしています（「中国・習近平がたくらむ台湾侵攻『恐ろしいシナリオ』で、日本経済は『大打撃』を受ける」現代ビジネス 二〇二三年二月三日）。

それによると、まず中国は潜水艦を含む大量の艦船と航空機を動員して、海と空から台湾を封鎖。そのため台湾は軍事物資はもちろん、輸入の九割を占める食料と原油を調達する道を閉ざされる。「一人の兵士を島に送ることもなく」主権を巡って、中国側との交渉を迫られる、と。

そして台湾特有の問題として、海上封鎖された際に、日本も含め中国軍との戦闘を覚悟する友好国が近隣にないこと、結局は米軍次第であること、そして何よりの懸念事項として、中国と台湾を結ぶ海底ケーブルを切断される事態を指摘しています。

島国の台湾は世界との通信の九割を海底ケーブルに依存しているため、「切断され

「逆さ地図」に見る中国海洋進出の“障害”

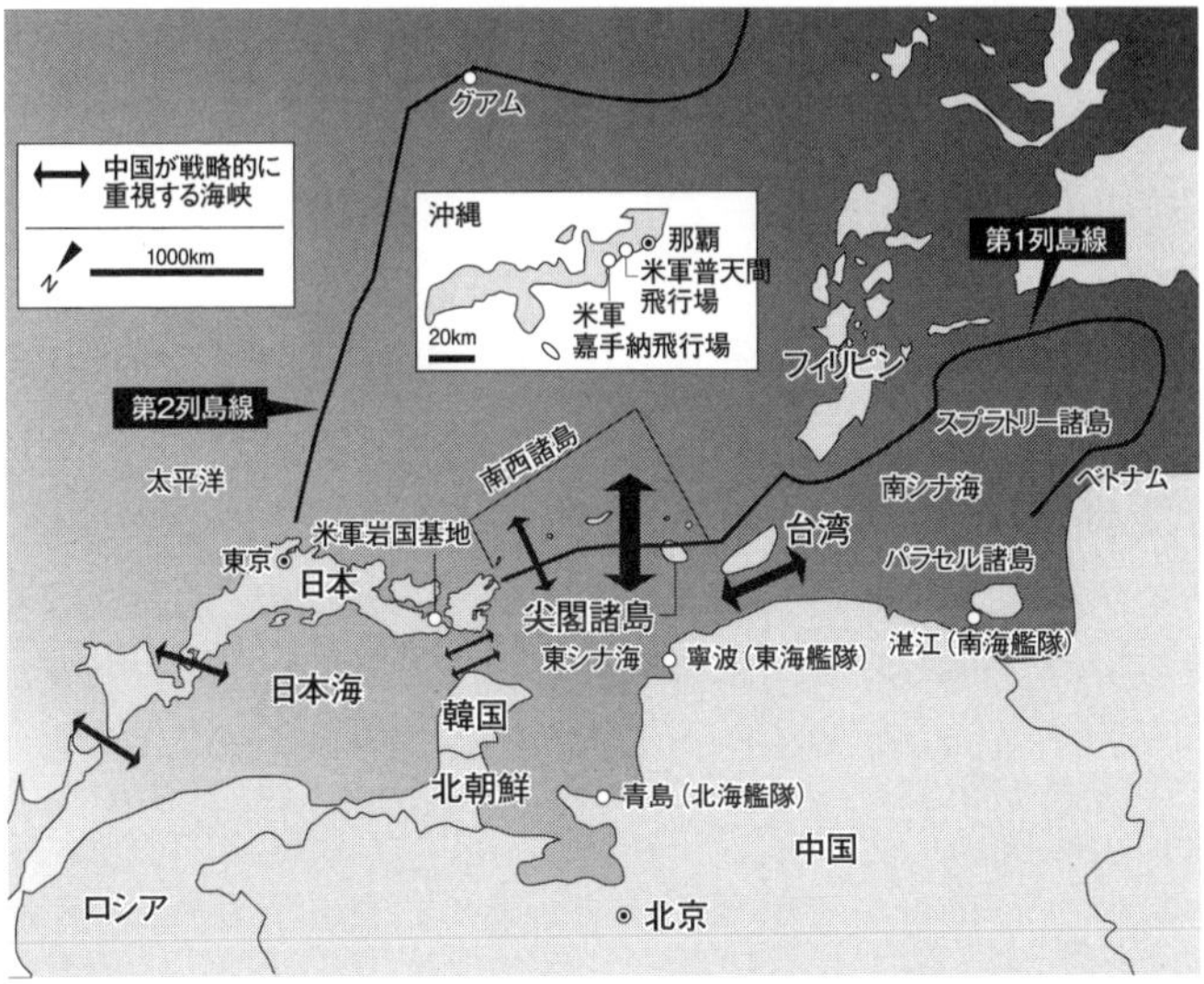

日本会議地方議員連盟の資料より作成

ると、台湾が事実上、世界から孤立するだけでなく、相互接続されている日本や韓国にも大きな影響が及ぶ」わけです。

第一週から混乱が始まり、四週から八週目までには、あらゆる種類の製品に実質的な混乱が広がるという専門家の声もあるといいます。第三章で詳述するように台湾は世界有数の半導体供給国ですから、その供給が止まれば、世界経済に与える影響は大きい。

また、中国軍が実際に軍事行動を起こすとするシミュレーションもあります。

「『2026年台湾侵攻』シナリオ　中国は失敗するも日米に甚大被害　米研究機関（産経新聞　二〇二三年一月一〇日）」によると、米シンクタンクの戦略国際問題研究所（CSIS）は、二〇二六年に中国が台湾に侵攻するという設定で軍事シミュレーションを行い、侵攻は失敗するが、米国や日本側に艦船、航空機、要員の甚大な損失が生じるとする報告書を公開してます。台湾防衛に「ウクライナ・モデル」は通用しないとし、米軍の迅速な介入が不可欠で、日本の役割が「要」と指摘。

《侵攻は最初の数時間で台湾の海空軍の大半を破壊する爆撃で始まるとし、中国海軍は台湾を包囲し、数万の兵士が軍用揚陸艇や民間船舶で海峡を渡り、空挺部隊が上陸拠点の後方に着陸すると予測した。

しかし、もっとも可能性の高いシナリオで侵攻は失敗すると予測。台湾の地上軍は上陸拠点の中国軍を急襲し、「日本の自衛隊によって強化された」米国の潜水艦・爆撃機、戦闘機などが上陸船団を無力化。「中国は日本の基地や米軍の水上艦を攻撃するが、結果を変えることはできない」とし日本が攻撃を受ける事態に触れつつ、台湾

の自治権は維持されると結論付けた》

さらに米メディアのNBCは、米空軍のマイク・ミニハン大将が「米国は二〇二五年に台湾有事で中国と戦うことになる。準備を急げ」と指示した内部メモがあることを報じています（二〇二三年一月二八日）。

日本とアメリカの対応はどうするか。台湾を守るか守らないかを曖昧なままにしておくというのが、これまでの日米の方針でした。

あくまで台湾有事が起きないということを祈って、一生懸命神社にお参りして、自衛隊も軍隊と明記しないで、憲法も改正せず、防衛費も増やさない。それでひたすら天皇に祈ってもらう。

「安保三文書」改定は評価できる

田原　岸田内閣が二〇二二年一二月に外交・防衛政策の長期指針「国家安全保障戦略」の改定を閣議決定した。どう評価しますか？

ケント　いわゆる「安保三文書」の改定ですが、「何もしない」「遣唐使ならぬ〝検討使〟」などと揶揄されてきた岸田政権にしては評価できると思います。敵ミサイル拠点などへの打撃力を持つことで攻撃を躊躇《ちゅうちょ》させる「反撃能力（敵基地攻撃能力）の保有」を明記し、米国製巡航ミサイル「トマホーク」など、複数の長射程ミサイルを順次配備する。航空機や艦船といった装備品の維持や整備、弾薬や誘導弾の購入なども進める。二〇二三年度から五年間の防衛力整備経費を約四三兆円と定め、二七年度に「GDP（国内総生産）比二パーセント」に達することを目指すとしています。

また、常設の「統合司令部」を創設すると明記しました。陸海空の三自衛隊の部隊運用を一元的に担うことが目的です。これで台湾有事に備え、米軍との意思疎通や戦略の擦り合わせなど、統合運用を進めやすくなりました。今回の決定は戦後日本の「現実に即していない安保政策」を大きく転換するのは間違いありません。僕は、相当な決断だったと、率直に評価したいと思います。

しかし、防衛費増額の財源を巡る問題では、自民党内でも議論が紛糾しましたが、僕は「国債発行」が望ましいと思う。日本経済の成長を止めかねない、増税方針には不満が残ります。

田原　二〇二二年一二月一八日付の毎日新聞によると、全国世論調査による岸田内閣の支持率は二五パーセントで、二一年一〇月の政権発足以来最低で、不支持率も六九パーセントと増加した。毎日新聞は防衛費増額の財源を増税で賄う方針を示したことが支持率低下につながったと捉えている。

僕自身は岸田内閣の「国家安全保障戦略」の改定は必要だと思うが、しかし、ろくな議論もなく、一方的に決めたことには疑問が残る。

ただ防衛費を大幅に増やす政府の方針については、「賛成」が四八パーセントで、「反対」の四一パーセントを上回っているから、国民の危機感は高い。

ケント　あれほど多数の犠牲者を出したウクライナ戦争が泥沼化し、北朝鮮も狂ったようにミサイル発射実験を続け、中国も東シナ海で挑発行為を繰り返している現状を見れば、当然です。むしろ、「専守防衛の維持」や「非核三原則の堅持」などといった文言が入っていること自体、相変わらずのお花畑だといわざるをえません。自民党と公明党の連立政権という現状を考慮してのやむをえない判断だったのでしょう。

専守防衛か自衛戦争か

田原　もっとも、これは戦後日本の安全保障政策の大転換であり、憲法に基づく専守防衛の形骸化だと、朝日毎日が厳しく批判しています。

ケント　それは朝日がいつものように言っているだけです。だいたい「専守防衛」とはなんですか？

そもそも〝日本国憲法が自衛戦争を否定している〟という憲法学者の意見が間違った解釈です。憲法は自衛戦争を否定していないんです。それを説明します。

戦争と一口に言っても、侵略戦争、自衛戦争、制裁戦争、代理戦争、それからサイバー戦争、宇宙戦争、あるいは内戦など様々な形態があります。このうち日本国憲法が禁じているのは侵略戦争だけです。なぜそう断言できるかというと、第一に九条の条文自体が「パリ不戦条約（ケロッグ＝ブリアン条約）」のコピーであることがあります。第二に日本国憲法が民定憲法だということです。

まず、不戦条約ですが、これは第一次世界大戦後の一九二〇年代に、イギリス、フランスをはじめとする当時の連合国が進めたもので、日本も署名しました。

憲法第九条の第一項には、「日本国民は、正義と秩序を基調とする国際平和を誠実に希求し、国権の発動たる戦争と、武力による威嚇又は武力の行使は、国際紛争を解決する手段としては、永久にこれを放棄する」とありますが、「国権の発動たる戦争」という言葉は不戦条約で議論を進めていたときに使われたものです。

そして「国権の発動たる戦争」とは「侵略戦争」のみを指しています。したがって、九条第一項で禁止しているのは侵略戦争であるということがいえます。

次に、日本国憲法は、欽定憲法ではなくて民定憲法だということはご存知ですか。「欽定憲法」というのは、ほとんどの権限は君主にあり、それを少しずつ国民に付与するというものです。日本で言えば、明治憲法が欽定憲法でした。

欽定憲法の何が悪いかというと、憲法の条文で許されてないことは全部禁止であることとです。そのため、何か新しいことをやりたいと思ったら、新しく条文を追加しなくてはならない。いわゆる「ポジティブリスト」。

一方、英米の憲法は「民定憲法」で、これはすべての権限は国民にあるとするものです。その一部を連邦政府に委任するというのが、アメリカの憲法なんです。民定憲法は欽定憲法と違って、憲法で禁止されてないことは基本的にOK。マッカーサーはどうしても日本の新しい憲法を民定憲法にしたかった。

日本国憲法が民定憲法であることを知っていれば、禁止している侵略戦争以外の戦争、つまり自衛戦争は禁止していないということがわかります。

さらにいえば、「芦田修正」があります。憲法九条第二項は、憲法改正小委員会において、芦田均委員長による芦田修正が行われました。これは日本に自衛権があるという含みを持たせるためのものでした。第二項冒頭に「前項の目的を達するため」が加えられ、「陸海空軍その他の戦力は、これを保持しない。国の交戦権は、これを認めない」と続く。「前項の目的を達するため」の「目的」とは何かと言うと、侵略戦争のことです。つまり、そのため以外なら、陸海空軍を保持してもいいことになるのです。

いみじくも国家たる日本が自衛権を持っていないはずがない。

田原　日本国憲法が自衛権を認めていないと捉えていたのは、吉田茂です。共産党の野坂参三が、「戦争には二つの種類がある。日本が行った侵略の戦争、これは正しくない戦争だが、中ソや米英その他の連合国の戦争は、正しい戦争といって差しつかえないと思う。……我々は戦争一般の放棄という形ではなしに、侵略戦争の放棄、とするのが的確ではないか」と問うた。つまり、自衛のための戦争は認められるのではないか、というわけですが、これに対して吉田は、「（共産党は）国家正当防衛権による戦争は正当なりとされているようだが、私はかくのごときことを認むること自体が有害であると思うのであります」と強い語調で答えている。

実際、一九五〇年六月に、日米安保の担当者であったアメリカの国務長官顧問ジョン・フォスター・ダレスが来日した会議でも、吉田はこの問題に触れたがらなかった。微笑を浮かべたり、含み笑いをしながら、回りくどい言い方をして、ダレスに対して安保条約についての言質を与えようとしなかった。

このとき、憤慨して会議を打ち切ったダレスが「まるで不思議の国のアリスのような気がした」と、部下に吐き捨てるように言ったというエピソードは有名だ。

国家が自衛権を持つというのはそのとおりなんだけれど、何をもって「自衛」とするかは非常にグレーだ。侵略した側が自衛戦争を騙《かた》るケースも少なくない。日本の真珠湾攻撃は侵略か自衛か。いまだに議論が割れている。

ともあれ日本は吉田茂以降、安倍さんまでは「自衛権」を持たないということでやってきた。

防衛省ホームページでは、専守防衛を「相手から武力攻撃を受けたときにはじめて防衛力を行使し、その態様も自衛のための必要最小限にとどめ、また、保持する防衛力も自衛のための必要最小限のものに限るなど、憲法の精神にのっとった受動的な防衛戦略の姿勢」と説明している。

ケント　憲法論議以前の問題です。ウクライナを見れば専守防衛がどういう結果を招くかわかるものです。攻撃を受けてから反撃したのでは間に合わない。朝日や毎日は専守防衛で日本を守ることができると思っている読者たちの手前、ウクライナの現実を見ても論調を変えることができないのでしょう。しかし大半の国民はそうは思っていないし、心配していると思う。

田原　実は、かつて僕自身が「専守防衛」がさっぱり理解できなかった。これを防衛の公式見解として強調したのは、当時防衛庁長官だった中曾根さん。「相手から武力攻撃を受けたときにはじめて防衛力を行使」するという専守防衛は、どう考えても本土決戦で、正気の沙汰ではない。しかも、「その態様も自衛のための必要最小限にとどめ」るなどとすれば、日本人の犠牲は大変深刻にならざるをえない。危険極まりないやり方だ。

そこで中曾根さんが首相になってから、直接このことを問うた。すると中曾根氏はいささかもためらわずに、「専守防衛とは、戦わない、ということだ」と答えた。「日本のために戦うのは米軍だ。あのような憲法を押し付けたのだから。だから日本は米国との同盟関係を強めればよい。それが安全保障ということだ」と。パックス・アメリカーナの時代はそれで通用した。

ケント　しかし、今は通用しません。

サイバー戦に強い台湾、弱い日本

ケント　「三文書」改定に戻りますが、防衛力強化にあたって、サイバー戦やハイブリッド戦への対応の必要性にも言及されています。

「ハイブリッド戦」とは、軍事と非軍事を組み合わせた戦いのことで、サイバーを駆使します。たとえば、国籍を隠した不明部隊を用いた作戦、サイバー攻撃による通信・重要インフラの妨害、インターネットやメディアを通じた偽情報の流布など、複合的に影響工作を行います。

こうしたサイバー攻撃を未然に防ぐ「能動的サイバー防御」を導入する方針も時代の流れに合っています。

中国は何年も前からサイバー戦争を仕掛けているんですよね。

田原 中国の人民解放軍のなかでサイバー攻撃を専門にやっている人は二〇万人。そのうち、高度な数学的知識を持った本物のハッカーは七～八万人だという。また、『令和四年版防衛白書』によると、二〇一五年に創設された「人民解放軍戦略支援部隊」は、一七万五〇〇〇人規模とされ、このうち、サイバー攻撃部隊は三万人との指摘もある。

中国によるサイバー攻撃をざっと眺めると、

・二〇一八年一月及び二月、米海軍の契約業者が中国政府のハッカーによるハッキングを受け、潜水艦搭載の超音速対艦ミサイルに関する極秘情報が流出。

・二〇一八年一二月、アメリカなどが、中国国家安全部と関連するサイバーグループ「APT10」が少なくとも一二カ国に対して知的財産などを標的とするサイバー攻撃を実施したと発表。

・日本でも「ＡＰＴ10」による民間企業、学術機関などを対象とした広範な攻撃を確認。

・二〇一七年、アメリカの消費者信用情報会社から、氏名、生年月日、社会保障番号、運転免許証番号、クレジットカード番号などの個人情報が窃取されるサイバー攻撃が発生。二〇二〇年二月、米司法省は、当該サイバー攻撃に関与した疑いで、中国軍関係者四名を起訴。

・二〇二〇年七月、新型コロナウイルス感染症のワクチン開発にかかわる企業を含む民間企業などを標的とした知的財産や企業秘密の窃取を目的とするサイバー攻撃を実施したとして、米司法省は中国国家安全部関係者と見られる二名を起訴。

・二〇二一年七月、米国は、同年三月に発覚したマイクロソフト社メールサーバーソフトの脆弱性を狙ったサイバー攻撃が、中国国家安全部に関連する実施主体によるものであると公表。わが国を含む米国の同盟国なども同日、一斉に中国を非難。

僕がこれまでした取材によると、サイバーセキュリティっていうのは完璧にはできなくて、できることっていうのは、攻撃されたら逆に攻撃し返すことが重要。したがって、サイバー上は専守防衛は不可能だ。

二〇一九年四月、日米の外務・防衛担当閣僚協議（2プラス2）では日本がサイバー攻撃を受けたときには日米安保第五条が適用されることとなった。たとえば海外からのサイバー攻撃によって日本の電力システムなどのインフラ、あるいは電車や信号、航空管制システムといった交通インフラなどが機能不全に陥ったり破壊されたりしたときには、アメリカのサイバー部隊が動く。

北朝鮮はサイバー部隊を集中的に増強し、約六八〇〇人を運用中だ。

ロシアについては、軍参謀本部情報総局（GRU）や連邦保安庁（FSB）、対外情報庁（SVR）がサイバー攻撃に関与しているが、組織ごとに独自の動きをしているため実態は不明。

また軍にあるサイバー部隊は、敵の指揮・統制システムへのマルウェア（不正プログラム）の挿入を含む攻撃的なサイバー活動を担うとされ、その要員は約一〇〇〇人だという。

対して日本は二〇二二年三月に発足した「自衛隊サイバー防衛隊」など、サイバー攻撃対処の専門部隊の要員はたったの八九〇人。まさに桁が違う。しかし二〇二七年度までに、最大五〇〇〇人に増員することが決まった。

ケント　情報戦に関しては台湾のほうが日本よりも強い。サイバーにおいては決して中国に負けているわけではないし、アメリカがバックにいる。ですから、中国が台湾の国民を騙すのは簡単ではありません。むしろ日本のほうが、すでに洗脳されている状況ではないかと心配です。

田原　中国は台湾国民を洗脳できないと思う。

最大のリスクはバイデンか習近平か

ケント　ここまで僕は、アメリカはどこまで本気で日米安全保障条約を守るかはわからないという話をしました。ここで、一見矛盾するようなことを言います。それは、アメリカは地政学的に沖縄を絶対に手放さない、ということです。米軍は必死になって、核兵器を使ってでも沖縄は自分たちのものとして守る。なぜなら、地政学的には沖縄とアラスカだけ押さえておけば、世界を制覇することができるからです。

地球儀を正面から見ると中心は沖縄。沖縄からなら旧式の飛行機でもだいたい四、五時間でアジアの主要都市に全部行けます。そして地球儀を上から見ると、中心にあるのはアラスカです。現にＦｅｄＥｘやＤＨＬの国際輸送物流会社はアラスカを拠点に世界各地に飛んでいます。したがって、この二つの地域を押さえていれば、地球を支配することができるわけです。

逆にいえば、日本でどんなに沖縄の米軍基地撤退運動を起こしたところで、アメリカが沖縄を手放すわけがない。また仮に米軍が撤退して空白地帯になれば、中国が入り込むだけです。地政学を少しでも理解していれば、すぐにわかることでしょう。

ですから、中国は尖閣を取ったら次は沖縄だとみんな言うけれど、それはありえな

い。米軍がそれを許さないですよ。

何があっても米軍が沖縄から撤退しないと言って、それで安心されたら困るんですが、このことは日本人のみならず習近平にも理解してほしい点です。

そういう意味では中国が尖閣を取るというのはアメリカを敵に回すことになる。日米同盟が崩れてアメリカが撤退すると思っているとしたら大間違い。そこまで冷静に考えられる習近平かどうか。

田原　いや、そういう分析は危ない。そうではなくて、大事なのは外交です。変に安全保障的な発想で行くとやばい。外交で解決することが重要です。

北朝鮮がミサイルを打ちまくってるでしょう。なんでか。それは北朝鮮からすれば、米韓合同軍事演習はどんどん拡大しているから、これに対抗しているわけです。要するに、軍というのはエスカレートすることしか考えていない。それを止めるのが政治なんだよ。

ケント　ただ軍事力の裏付けのない外交は無力であることも事実です。アラスカと沖縄を押さえているアメリカがその気になれば、実は中国を押さえることは可能なのです。ただ中国にとってラッキーだったのは、その決断力を欠いたバイデンが大統領だったことです。
だからバイデンのような最高司令官がいる現状はすごく不安。バイデンの任期が二年あるうちに習近平が台湾侵攻をやる可能性を捨て切れないと思うのは、バイデンが原因です。どうでしょうか？

田原　それをさせないのが日本の役割。台湾侵攻をすれば中国はつぶされる。習近平にとっても台湾を守ることが中国を守ることだということを理解させなくてはいけない。

中国は民主化するのか

田原　習近平に何度も会った日本人たちは、例外なく彼は素晴らしいと言っていた。一人は朝日新聞船橋洋一氏。もう一人は中国大使だった伊藤忠の丹羽宇一郎氏。国際情勢の理解も深いし習近平が国家主席になったら、中国は絶対に民主化すると二人とも言い切っていた。

ケント　中国は民主化するんですかね？

田原　民衆化どころか、かえって毛沢東時代に先祖返りしている。

ケント　アメリカも中国が豊かになれば民主化すると思い込んでいた。それで中国に様々な経済援助をし、世界貿易機関（ＷＴＯ）にも加盟させた。

田原　現にニクソン政権のときに、それまで国際社会で「中国」とみなされていた中華民国から、中華人民共和国に切り替えた。国務長官だったキッシンジャーですね。

ケント　この民主化の期待を裏切ったのが天安門事件だった。共産党政権は学生を中心とした民主化運動を武力によってつぶした。この弾圧事件で判明したのは、共産党は中国人民を信用していないということです。

田原　共産主義というのは、スターリンのソ連にしても毛沢東にしても競争を認めない。平等でなければならないというのが建前だ。しかし鄧小平は経済を解放し、競争を認めることによって、中国は目覚ましい発展をした。その鄧小平が民主化は認めず弾圧した。なぜですか？

ケント　自分なりに考えると、民主化すると共産党の存在意義が危うくなるからではありませんか。少なくとも一党独裁体制が崩れてしまう。平等だ平等だと言いながら、自分たちがトップにいないと気がすまない。共産党というのはそういうものだというほかはありません。

田原　これは僕はいろいろなところで書いていますが、中学、高校のときは一番信頼していたのは日本共産党なんですね。日本共産党だけが大東亜戦争に最後まで反対していた。日本が戦争に負けて降伏してもまだ共産党の幹部たちは刑務所に入っていて、占領軍によってようやく解放された。だから占領軍のことを共産党員は「解放軍」と呼んだ。朝鮮戦争でアメリカの政策がレッドパージに変わるまで、占領軍と共産党とはいい関係だった。

話を戻すと、競争を認めるということは、競争の自由を認めるということで、自由化です。貧富の差を認めることになる。

ケント　競争で貧富の差は出るんですが、じゃあ、みんな平等に貧しければいいということなんですかね?

田原　それはよくない。ゴルバチョフの時代に、ソ連がわりと自由になったので取材に行ったんです。それで、国営企業で共産主義なのに、なぜうまくいっているのかと調べたら、競争はないけれどノルマがあった。だからソ連のトラック会社は大型車しか作らない。工場で消費しなければならない鋼鉄の量にノルマがあって、大型車のほうが鉄鋼をいっぱい使うから。ところが大型車が通れる道路が少ないために、そこまではトロッコで運ばなければならず、異様に効率が悪い。こういうことをしていた。

ケント　結局、中央官僚が現場を見ないで計画を立てているから馬鹿げたことになるんです。

田原　改革開放になって、中国のエリートたちはアメリカへ留学した。ところが彼らは中国に戻ってくる。なぜかと訊くと、アメリカの競争社会は厳しいが、中国のほうが競争が少ないから成功するし、カネも儲かると。極端にいうと、共産党の批判さえしなければ何でもできたという。

ところが習近平になって締めつけをどんどん厳しくしている。

ケント　それこそが共産党の本性で、民主化すれば習近平は選挙で落選するかもしれない。だから、民主化は絶対に許さない。結局、民主化するには、為政者が国民を信用してないとできない。共産党にはそれがない。

田原　日本は長いこと中国から文化を学んで取り入れてきました。日中は文化を共有してきたはずです。その中国が、なぜ共産化したのだろう。

ケント　おそらくソ連の影響でしょう。共産主義というのは一時期アメリカでもすごく流行しました。レーガンがまだ俳優だった時代、ハリウッドの俳優たちは共産主義を絶賛していました。レーガンは俳優の組合の会長だったのに、FBIの手先としてハリウッドの共産主義者たちを報告していたのです。共産主義は税金が高くなるから、そこにレーガンは不満があったようです。自分の財産を持っていかれるのが嫌だったんでしょう。

田原　フランクリン・ルーズベルトも共産主義者だった。

ケント　だから、そのことに危機感を持ったジョセフ・マッカーシーが、一九五三年にアメリカ政府に潜り込んだ共産党員およびそのシンパたちを排除する「レッドパージ」を行った。

田原　マッカーシーは面白くて、彼の周りには共産主義者たちがいっぱいいた。それを徹底的に洗い出した。

習近平政権は崩壊の危機!?

田原　ともかく、習近平は中国のためにも経済の自由化は認めたほうがいい。民主化とまではいかなくても言論の自由を認めなければいけない。ゼロコロナ政策を撤回したことをどう見るか。もちろんそれ自体は賢明だけれども、共産党のトップが、自分の政策が間違いだったと認めたのは異常事態だ。

ケント　共産党員たちは疑問を持ちますよね。トップが政策を変えたら。ニューヨークタイムズなどを読むと、ゼロコロナをやめた習近平を「国民に負けた」と書いていた。

田原　当然、そうとることもできる。ゼロコロナにより経済が悪化すれば国民の不満は高まる一方です。中国各地でデモが行われ、特に上海のデモが激しくて、「習近平は退陣しろ」と天安門事件以来の大デモが起きた。

ケント　情報統制はしたんだけど、完全に抑えることはできなかった。デモ開催の連絡ツールだったアップルのエアードロップを使用できないよう要請したりして、鎮静化を図ったのですが。その結果、アップルは共産党に屈したということでアメリカでは評判が悪くなりました。

田原　ただ、デモが想定外に広がったとしても習近平の「独裁」体制が覆ることは考えづらい。

ケント　白紙革命というよりは単純にゼロコロナを継続する予算が尽きたという報道もあります。中国の東呉証券の試算によると、一定規模以上の都市（住民約五億人）を対象にPCR検査を恒常化した場合、年間のコストは約三〇兆円に上り、これは二一年の公共財政収入の八・七パーセントに相当します。さらに毎月、GDPの二割を占める都市で二週間の都市封鎖（ロックダウン）を行った場合の経済損失は、年間三三・七兆円を超え、財政収入の九パーセントを超えるとか。

一方、田原さんと『日中と習近平国賓』（実業之日本社）という対談本を出した遠藤誉さんは、ゼロコロナ政策の転換は「白紙革命」の影響ではないとしています。中国国内でICU（集中治療室）ベッド数が爆発的に増加していることに着目し、中国は「『感染を阻止する』方向から『重症化した人の救命』の方向へと、国家の方針を切り替えることを予め決めていた」のではないか、「白紙運動ごときで政策を転換するような中国ではない」と述べています（「白紙革命とコロナ規制緩和は無関係！　中国、昨年12月にICU病床激増」　Yahoo！ニュース　二〇二三年一月八日）。

田原　いずれにせよ、日本とアメリカが習近平の国内での立場を必要以上に追い込まないことだ。ただでさえゼロコロナで疲弊した中国経済に制裁を加えれば、習近平政権が持たなくなる。習近平体制が崩壊すれば台湾侵攻の可能性が一気に高まる。

親中国ドイツも中国包囲網

ケント　親中国家のドイツでさえ〝脱中国路線〟に舵を切りました。二〇二一年四月に日本とドイツの外務・防衛相が、初の「2＋2」閣僚会合を開き、具体的な国名は出しませんでしたが、日米の中国包囲網にドイツが加わることを表明しました。

同年六月、イギリス・コーンウォールで開催された先進国首脳会議（G7）のサミットでも、公正な貿易ならびに新疆《しんきょう》や香港の人権問題について、中国を名指しで批判していきます。さらに、「台湾海峡の平和及び安定の重要性を強調し、両岸問題の平和的な解決を促す」と、台湾海峡についても初めて触れました。

そして同月にベルギーのブリュッセルで行われたNATOの首脳会議でも、中国を安保リスクとして、「体制上の挑戦」という共同声明を発表しました。

G7やNATOが中国を名指しで批判するのは初めてのことであり、これにはドイツのイニシアチブが大きい。

これまでは対岸の火事と中国に甘かったヨーロッパでさえ、中国包囲網ができつつある。

また、アメリカの議会は中国との対立派が圧倒的多数を占めているわけです。バイデン政権内でも国務長官のブリンケンをはじめ、外交官には中国との対決姿勢を続けながらも協力できるところでは協力しましょうと言っている人たちもいる。対決と強調の二つの路線を同時にできるかどうか。バイデンには期待できないから、ブリンケンたちが果たしてそれを実施できるのか。

田原　できると思います。というか、それをやらせるのは日本です。中国との対話の可能性があるぞというところを、ちゃんとアメリカに提示することが重要です。

ケント　それができる人が日本の政治家にいるんですか？　親中派の人たち？

田原　親中か反中かは関係なくて、日本がどうすべきかと考えている人はいます。

ケント　岸田政権でそれができますか？

田原　ふつうはここまで支持率が下がったら、政権交代だ。ところが今の日本には政権交代ができる野党がいない。半面、防衛費アップなど安倍政権でさえできなかったことを岸田政権はやっている。

ケント　僕が心配なのは緊急事態で日本は中国対策でいろいろとやるべきことがあるのに、旧統一教会問題でかなりの時間を浪費したことです。

田原　旧統一教会の問題は被害者救済新法が成立し、山場は越えた。それよりも米中をつなぐ日本側の有効な武器はカネと技術。アメリカの最新兵器にも日本の中小企業の技術がたくさん使われている。日本の対外交渉力の二大武器はカネと技術で、これをもっと戦略的に使うべきです。

第二章

半導体戦争　転落か復活か

I 半導体業界の地政学

ますます高まる「半導体」の重要性

ケント　地政学といえば、実は半導体がカギを握っています。半導体はスマホ、PCはもちろんのこと、AI、ロボット、クラウド、データセンターや5Gなどの各種デジタル機器やサービスに組み込まれている。今や半導体なしでは製造業、サービス業の大半が成り立たない。私たちの生活の様々な部分にデータが関わるようになっている以上、半導体は〝もはや社会インフラ〟であるといえます。デジタル化の進展で世界の半導体市場は二〇二〇年の約五〇兆円から、三〇年に約一〇〇兆円に拡大するとの予測もあります。

田原　半導体は「産業のコメ」といわれていた。しかしそれ以上の価値がある。

ケント　自動車産業は日本経済の屋台骨ですが、車には車種によって三〇から一〇〇の半導体チップが積まれているといいます。電気自動車（ＥＶ）が普及すれば、その流れが一気に加速します。

加えて、誘導ミサイルやレーダー、ＡＩチップを搭載したロボット兵器、ウクライナ戦争でもロシア・ウクライナ両国が利用しているドローンなど、軍事的にも幅広く使われていることも忘れてはなりません。半導体は国家の趨勢を決する〝戦略物資〟であり、米中を中心に世界各国がしのぎを削っている状況です。

アメリカが中国企業に対し矢継ぎ早に制裁を加えているのは、ビジネス上というよりも国家安全保障の問題です。次世代通信規格である５Ｇの一翼を担い、世界中で使われているスマホをつくっている中国の通信機器大手の華為技術（ファーウェイ）が、米政府から制裁のターゲットとされたのも、その危機感からのことです。ファーウェイのスマホから個人情報が抜かれ、スパイ活動に利用される。何よりも中国企業に自国の通信を握られると、いつサイバーテロを起こされるかわからない。それを防ぐために、半導体の輸出に規制をかけたわけです。ファーウェイのスマホも基地局も半導体がなければつくれないからです。

半導体の輸出制限が与える打撃はファーウェイを見れば明らかでしょう。二〇二〇年四～六月期の世界のスマホの出荷台数は二億八四七〇万台で、そのうちファーウェイは五五八〇万台とシェア一九・六パーセントを占め、サムスン電子を抑えて世界で初めて首位に立ちました。

それが、二〇二〇年九月にアメリカ商務省がファーウェイに対する半導体の輸出規制を開始すると、翌二一年一～三月期の世界のスマホ出荷台数三億四七〇〇万台のうち、ファーウェイは一三八八万台まで落ちて、シェアもわずか四パーセントになりました。約二〇パーセントあったシェアが四パーセントまで転落したのです。ちなみに、このときのトップのサムスンは七六五〇万台で、シェア二二パーセントです。

田原　日本が韓国に輸出規制を行った三品目も半導体関連ですね。露光工程の感光剤に使用する「フォトレジスト」、ディスプレイ用樹脂材料に使われる「フッ化ポリイミド」、シリコンウェハー洗浄用の高純度「フッ化水素」。

ケント　われわれは半導体と一口にいっていますが、様々な種類があり、製品化までには多くの工程があるため、企業も細分化され、各国を跨いでグローバルで複雑なサプライチェーンができています。

半導体を製造するファウンドリーのなかでは、誰でも聞いたことのある台湾積体電路製造（TSMC）がキープレイヤーで、中国が台湾に手を伸ばしたい大きな理由の一つになっています。日本に取って代わった台湾の半導体は、いまや世界中が求めており、中国の干渉によって供給が滞るようにでもなれば、アメリカは機能停止に陥る。その危機感から、アメリカはどうしても台湾を守らなければならないのです。

シンガポールはインターネットを結ぶ海底ケーブルのハブであり、地震もないという地理上の優位性を最大限に活かして外資の投資を促している。米マイクロン・テクノロジーが三カ所、米グローバルファウンドリーズが二カ所、さらに欧州のSTマイクロ・エレクトロニクス、台湾のUMCもシンガポールに半導体の製造拠点を置いています。今や誘致する会社はシンガポール政府が厳選する立場です。

だからシンガポールは半導体の地政学上、台湾に匹敵するくらい重要なポジションを得ていて、米中激突の舞台にもなっているのです。台湾と違って、シンガポールは米中両サイドにゆさぶりをかけている。

欧州勢も巻き返しを図っており、「人類史上もっとも精密な機械」といわれる「縮小投影露光装置」で、世界で約八割という圧倒的シェアを占めるオランダのASMLや、イギリス政府がソフトバンクグループによる売却を阻止したことで話題になった英アーム・ホールディングスなどがあります。

半導体を巡る各国のプレゼンスの競い合いは、激しさを増していきます。これからの安全保障は、〝半導体業界の地政学〟を抜きに語ることはできません。

「描く」「つくる」「使う」、半導体三つの構造

ケント　太田泰彦氏の『2030半導体の地政学』（日本経済新聞出版）は、現在の半導体業界の構造、技術レベル、各国の状況などが詳しく解説されていて参考になりま

す。とても勉強になりました。僕がこれからお話しすることは、この本から学んだ部分が大きいと最初にお断りしておきます。

まず、半導体チップが製品として世に送り出されるまでには、一〇〇〇近い工程があるそうです。業界の大雑把な構造をいうと、三つのグループに分けられる。半導体の図面を設計する描く技術、実際につくる技術、そして第三が半導体を使う技術です。

第一の「描く」の最上流にいるのが、「IPベンダー」とも呼ばれる企業で、孫正義さんのソフトバンクグループが買収したイギリスのアームが代表です。電子回路の基本パターンやデジタル信号を処理する仕様を考え、ライセンスの形で供与しています。世界のスマホメーカーの大半が採用しているアームが圧倒的シェアを占めますが、アメリカのインテルやAMDのように自前の仕様を採っている会社もあります。

そして、そのアームなどの基本設計を買って組み合わせて自社のチップの図面を描くのが、いわゆる「ファブレス」、ファブ（工場）を持たない企業です。有名なのはアメリカならクアルコム、エヌビディア、中国ならファーウェイ傘下のハイシリコン。

第二である「つくる」を請け負うのは、「ファウンドリー」と呼ばれる企業です。このグループでは、台湾のTSMCの一人勝ち状態です。技術力も規模も圧倒的で、世界の約六〇パーセントのシェアを占めています。次にシェア一三パーセントの韓国サムスン電子、アメリカのグローバルファウンドリーズが続きます。

また、ファウンドリーに製造機器や素材・パーツを提供する企業もここに含まれます。製造機器であれば、最大手の米アプライドマテリアルズ、オランダASML、日本企業では東京エレクトロンがあります。

素材・パーツは日本企業が強い。シリコンウェハーは世界シェアの一位二位を占める信越化学工業とSUMCO、パッケージ基盤のイビデンなど。

第三の「使う」企業は、グーグルやアマゾン、アップル、マイクロソフトなどビッグテック、トヨタやテスラなどの自動車メーカーです。

田原　ふつう、製造を請け負うといったら川下で下請けなんだけれど、ファウンドリーはただ製造すればいいのではなく、その前工程で、頭脳分野にあたる設計の知識もないと、様々な半導体メーカーの需要に対応する製造はできません。つまり、半導体業界では立場が逆転しているんです。しかも回路線幅を細くして半導体の処理性能を高める技術である「微細化」においては、TSMCは最先端の技術を持っている。

ケント　微細化の単位は「ナノメートル（一〇億分の一メートル）」といいますが、40

ナノ以上は「汎用品」で車や家電に使われます。12～28ナノは成熟品で、自動運転やセンサー向け。スマートフォンやデータセンター向けでは、5ナノから16ナノ程度の製品が主流。ところが、日本国内でこれをつくることができるメーカーはないそうです。5ナノ～3ナノを量産できるのはTSMCとサムスン電子の二社のみで、二〇二五年の量産化に向けて、2ナノまで射程に収めているのはTSMCだけといいます。

そもそもファウンドリーというビジネスモデルはTSMCから始まりました。世界の大半の半導体メーカーが、もはやTSMCがなければ製品をつくれない状況です。TSMCに製造を委ねている会社は五〇〇社以上もあるといいます。

田原　工場の設備投資には金がかかる。

ケント　そうなんです。ファウンドリーのような半導体の工場を建てるには一兆円単位の資金が必要で、しかも継続的に投資し続けなければならない。リスクが高いからやりたがらないんです。たとえばTSMCの二〇二〇年の売上高は五兆円を超えていますが、二一年の設備投資は三兆円です。一社の投資額とは思えない巨費を投じています。二一年から三年間で合計一一兆円投資するというんだから、すごいですね。

日本も二〇〇〇年に日立製作所が台湾聯華電子（UMC）との合弁でファウンドリ

ー「トレセンティテクノロジーズ」を設立しましたが、わずか二年後に頓挫しました。そもそも日立が外国企業との合弁を選択せざるをえなかったのも、資金不足によるものだったといいます。

アメリカもファウンドリーは弱い。シェアも一〇パーセント程度で、韓国のサムスン電子以下です。そのため、政府はTSMCをアリゾナ州に誘致しました。一二〇億ドル（約一兆七〇〇〇億円）を投じて、5ナノの半導体を生産する新工場を建設するのです。TSMCにとっては海外初の先端工場で、二〇二四年からの量産を予定しています。さらに同地に3ナノの新工場の建設も検討しているそうです。

メガファウンドリーの日本誘致が重要な理由

田原　日本も熊本県菊陽町への誘致に成功した。TSMCの日本への工場建設は二〇二一年一〇月に正式に発表されましたが、経産省が熱心に動いた。なぜ熊本になったかというと、ソニーグループが画像センサーの半導体を生産しているから。

ケント　ソニーは「CMOSイメージセンサー」と呼ばれるスマホ用のカメラの半導

体チップで世界シェアの五〇パーセント以上を握っています。
　この半導体のチップは、画像を取り込むチップと信号を処理するチップを貼り合わせる、二階建ての構造ですが、信号処理の部分は外注している。したがって、ＴＳＭＣ工場が近接していれば、独自技術を日本国内で守りながら効率よく生産できるわけです。ソニーにとっては相当の追い風となるでしょう。

田原　もともと九州は一九六〇年代から半導体工場が進出していますが、最盛期の八〇年代には世界の半導体生産の一割を占めた地域だ。

　ＴＳＭＣの新工場は、ＴＳＭＣが株式の過半数を取得し、ソニーセミコンダクタソリューションズが二〇パーセント未満、デンソーが一〇パーセント超を持つ子会社ＪＡＳＭを設立する形で、二〇二四年内の出荷を目指す。経産省の資料「半導体・デジタル産業戦略の現状と今後」によるとＴＳＭＣの半導体工場は、地域に一〇年間で四兆円を超える経済効果と、七〇〇〇人を超える雇用を生む、と期待されている。
　製造されるロジック半導体は、22～28ナノ、12～16ナノの製品で、二世代遅れて最先端でないとの批判もある。しかし、まず一つ目の工場ができることによって、二つ目、三つ目の新工場が建設される道筋をつくったことは大きい。

九州における半導体関連産業の新規投資

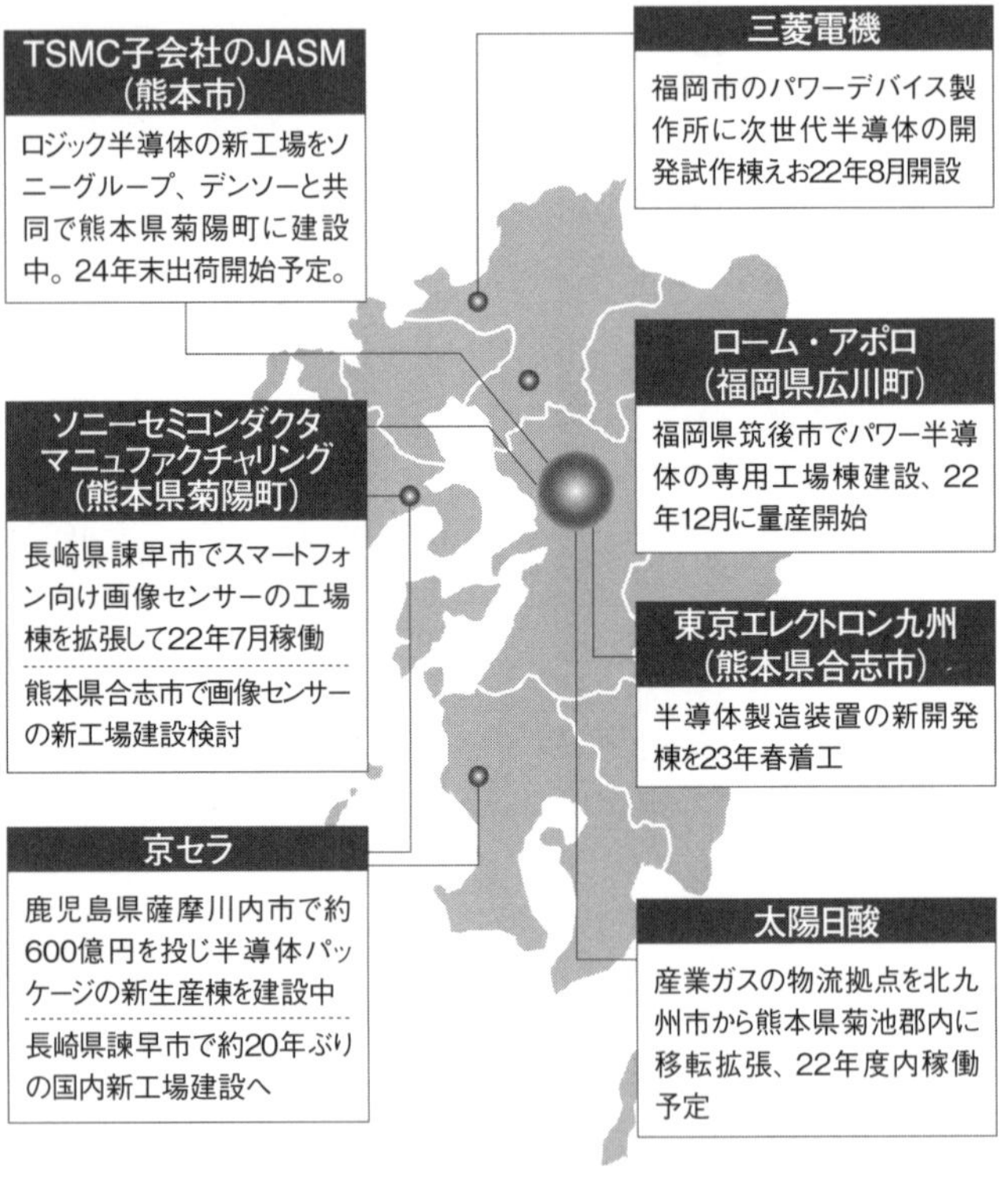

TSMC子会社のJASM
(熊本市)
ロジック半導体の新工場をソニーグループ、デンソーと共同で熊本県菊陽町に建設中。24年末出荷開始予定。
三菱電機
福岡市のパワーデバイス製作所に次世代半導体の開発試作棟え お22年8月開設
ローム・アポロ
(福岡県広川町)
福岡県筑後市でパワー半導体の専用工場棟建設、22年12月に量産開始
ソニーセミコンダクタマニュファクチャリング
(熊本県菊陽町)
長崎県諫早市でスマートフォン向け画像センサーの工場棟を拡張して22年7月稼働
熊本県合志市で画像センサーの新工場建設検討
東京エレクトロン九州
(熊本県合志市)
半導体製造装置の新開発棟を23年春着工
京セラ
鹿児島県薩摩川内市で約600億円を投じ半導体パッケージの新生産棟を建設中
長崎県諫早市で約20年ぶりの国内新工場建設へ
太陽日酸
産業ガスの物流拠点を北九州市から熊本県菊池郡内に移転拡張、22年度内稼働予定

出所:二〇二三年一月七日付日本経済新聞より

現に早くも二〇二三年一月には、ＴＳＭＣが日本に二番目の工場の建設を検討しているとの報道があった。二月二四日付の日刊工業新聞は、この第二工場も熊本県菊陽町付近に建てられる方向だと報じている。

すでに九州では、半導体関連の投資が相次いでいます。二〇二三年一月八日の日本経済新聞によると、ソニーグループがＴＳＭＣの新工場近くにスマートフォン向け画像センサーの新しい工場建設を検討中で、京セラは現在、鹿児島県薩摩川内市に約六二五億円を投じて半導体パッケージを生産する新工場を建設中であるほか、長崎県諫早市にも新工場を建設すると発表しています。

国家の存亡を懸けたＴＳＭＣ争奪戦

ケント　前掲の『２０３０半導体の地政学』によると、ＴＳＭＣは望んでアメリカに進出したのではなく、半導体製造の八割から九割を支配したいともくろむ米政府による、半ば強制的な要請によるものだろうとしてますが、私もその通りだと思います。ややうがった見方をすれば、ＴＳＭＣの米進出は、中国の台湾侵攻に対するアメリカとTSMCのリスクヘッジととれなくもない。万が一台湾が中国に呑み込まれても一定程度の半導体の生産を確保するために。

アメリカ政府はTSMCだけでなく、サムスン電子にもアメリカ国内に半導体工場を建設するよう求めました。サムスンは米テキサス州オースティン近郊に一七〇億ドル（一兆九〇〇〇億円）をかけて、TSMCと同規模の半導体工場の新設を決めました（二〇二一年五月）。

田原　一方でTSMCは、ドイツのドレスデンに欧州初の半導体工場を建設する方向で最終調整を進めていると、二二年の一二月に報道された。まさに争奪戦の様相だ。

中国もTSMCの技術が欲しい。実際、台湾のサイバーセキュリティ企業「CyCraft」の研究員が、八月に開催されたセキュリティカンファレンス「Black Hat」において、中国のハッカー集団が過去二年間に少なくとも台湾の半導体メーカー七社を襲ったハッキング活動を公表している。

ケント　手っ取り早く軍事侵攻をして台湾の半導体産業を丸ごと呑み込んでしまいたいというのが中国の本音ではありませんか。台湾はもともと自分たちのものだと思っているわけだから。中国大陸の軍事基地からTSMCのある台湾新竹市まで二五〇キロしかない。戦闘機なら五分とかからない、文字通り目と鼻の先の距離です。

田原　しかしアメリカもそれは許さない。

ケント　バイデン政権は二〇二二年八月、「CHIPS・科学法」に署名して、五年間で半導体メーカーに五二七億ドル（約七兆一〇〇〇億円）の資金援助を行う一方で、一〇月には中国への半導体の輸出を禁止し、日本や台湾、韓国にも同調するよう促しています。日台韓の企業はしぶしぶそれに従っている。

田原　中国も対抗するかのように、半導体の自給自足を進めている。各紙報道によると半導体産業育成のためのメガファンド「国家集積回路産業投資基金」を設け、一四年の第一期には一三八七億元（約二兆円）、一九年の第二期には二〇四一億五〇〇〇万元（約三兆円）の政府補助を与えた。長江メモリ（YMTC）や中芯国際集成電路製造有限公司（SMIC）もこの恩恵を受けて成長してきた企業です。このほか、地方政府の補助を含めると一〇兆円程度も投資してきた。

しかし米調査会社ICインサイツの二〇二一年五月の調査によると、半導体自給率はまだ一五・九パーセント（二〇二〇年）にすぎず、国家戦略「中国製造2025」で掲げていた目標である二〇年に四〇パーセント、二五年に七〇パーセントには遠く及ばない。とはいえ、確実に自給率は高まっている。それに台湾や日本だけでなく、アメリカの半導体企業にしても、中国市場は無視できないほど大きい。二〇二〇年は中国だけで世界市場の三五パーセントを占めている。ちなみに北米が二二パーセント、欧州と日本はわずか八パーセントだ。やはり、〝一四億人の市場〟は中国の大きな武器となっている。中国には一〇〇〇社を超える半導体会社があるという。

日本政府にしてもアメリカの制裁に同調するだけで、対中関係をどうしたいのか、主体性が見えない。岸田内閣は対中戦略を持っているか疑問です。

ケント 少なくとも半導体に関しては、日本はアメリカとの協調路線に舵を切ったと思います。親中派と目されるバイデンも、半導体に関しては中国排除という旗幟を鮮明にしています。大統領に就任してすぐの二〇二一年二月に、半導体サプライチェーンの構築で同盟国との連携を強化する大統領令に署名。四月にワシントンで開催した菅さんとの日米首脳会談の共同声明でも、「日米は半導体を含む機微なサプライチェーンで連携する」と宣言しています。

田原 中国だってみすみすアメリカにデカップリングされるのを指をくわえて見てはいない。内製化を進めるとともに、一帯一路により〝中国のサプライチェーン〟構築に余念がない。インターネットのハブであるシンガポールとも蜜月です。

ケント　半導体に関しては様々なレベルで暗躍があります。確かなことはわかりませんが、半導体のキーパーツとなる工場で不可解な火災事故が立て続けに起きているといいます。

まず二〇二〇年一〇月二〇日に、宮崎県延岡市の旭化成の半導体部門である旭化成エレクトロニクスの半導体工場で火災が起き、その翌年二一年三月一九日にはルネサスエレクトロニクス子会社の那珂《なか》工場で、さらに同月三一日には台湾新竹市にあるTSMCの最先端工場で。解せないのは、火災で半導体をつくれなくなった旭化成が委託したのがルネサスの那珂工場であり、そのルネサスが委託したのがTSMCで、三件の火事がつながっていることです。単なる偶然としてはできすぎている。

田原　中国が怪しいと?

ケント　わかりません。しかし、これらが放火によるものだという噂はあるそうです。いずれにせよ、半導体をめぐる争いは水面下でこそ起きているのでしょう。

Ⅱ 日の丸半導体復活ののろし

世界半導体企業の勢力図

田原　世界における半導体の勢力図と日本の位置を確認したい。先ほどケントさんは、半導体の構造を大きく三つのグループに分けた。半導体を「描く」技術、「つくる」技術、「使う」技術。そして設計の最上流にいるのが英アームだった。

アームを買収した孫正義さんがエヌビディアに売却しようとしましたが、イギリス政府がこれを阻止した。ソフトバンクグループは約三・二兆円で買ったのを四・二兆円で売却して一兆円儲けようとしたが失敗した。

ケント　半導体で優越的な地位を占めるアームが、アメリカ企業に売却されるのを座視できなかったのでしょう。やはりイギリス政府も半導体の重要性を認識しているということです。

田原　この「描く」分野が日本は弱い。

ケント　このグループはアメリカと韓国企業が強い。「ロジック半導体」分野ではPCの頭脳である「CPUの覇者」米インテルが半導体業界全体で第一位。そして第二位は、NAND型フラッシュメモリーとDRAMで最大手の韓国サムスン電子。この二社が圧倒的シェアを占めている。日本企業も弱いですが中国も弱い。

田原　中国の紫光集団（ユニグループ）は二一年七月に破産申告をし、同年一二月に経営再建計画を提出した。ハイシリコンはアメリカの制裁で青色吐息。

ケント　ただ、日本にはメモリー分野で「NAND型フラッシュメモリー」で世界二位のキオクシアがあります。巨額赤字に陥った東芝が虎の子のメモリー事業を分社化した二〇一八年の六月にできた会社で、すべての工程を自前で行う「IDM（垂直統合型）」企業としての強みがあり、高い技術力を誇ります。そもそもNANDを発明したのは前身の東芝メモリです。

ところで、メモリーである「DRAM」や「NAND型フラッシュメモリー」の違いは何かご存知ですか。前者は「RAM（ランダム　アクセス　メモリー）」であり、後者は「ＲＯＭ（リード オンリー メモリー）」です。その大きな違いは、データの書き換えが可能なＲＡＭに対し、読み出し専用で電源を切ってもデータが残せるのがＲＯＭです。そして、ＲＯＭなのにＲＡＭのように書き換えも自由にしたのがフラッシュメモリーです。

両者は混同されますが、設計や構造、パフォーマンス、仕様、コストの違いからコンピュータでの役割はまったく違う。フラッシュメモリーは主にストレージ（データの保存場所）であり、ＤＲＡＭは演算するためにストレージから必要なデータを読み込み、一時的に置いておくために使われます。データの読み書き速度を比べると後者のほうが速い分、コストも高い。したがって、ＮＡＮＤの用途はスマホやタブレットの記憶媒体やメモリーカード、ＤＲＡＭはＰＣの一時記憶用メモリー、スマホやデジタル家電に使用されます。

しかし二〇二二年から両者の成長性に明暗が見られるようになりました。ＰＣやスマホの需要が減速するとともに、ＤＲＡＭは余剰感が出てきた。一方、ＮＡＮＤはＧＡＦＡなどビックテックによるデータセンターの建設ラッシュがあり、サーバー向けに需要が拡大している。

データセンターをつくると関連企業も進出します。その重要性を理解しているシンガポールは一生懸命にデータセンターを誘致しています。たとえば、グーグルのデータセンターは三カ所もあるし、メタ（旧Facebook）、マイクロソフト、AWS、アリババなどもシンガポールにデータセンターを置いて、東南アジア地域全体をカバーしています。

データセンターがどんどん建設されるので、今後もキオクシアの重要性はますます高まっていくと予想されます。

ついに官民一体となった日本の半導体戦略

田原　すると、まだまだ日本も捨てたものではない、ということかな。政治も動いている。二〇二一年五月、自民党が「半導体戦略推進議員連盟（半導体議連）」を立ち上げた。甘利明さんが会長を務め、安倍さんや麻生さんが最高顧問などの幹部に名を連ねた。

ケント　二階さんがいません（笑）。

田原　それはまぁいい。米欧中が国を挙げて半導体産業の支援に乗り出している中にあって、政府自民党も動き出したわけだ。設立から一年を迎えた二〇二二年五月二四日、半導体の製造基盤強化のために、「一〇年で官民合わせて一〇兆円規模の投資」を求める決議をまとめた。

事務局長の関芳弘氏によると、

《世界中で半導体が不足しており、自動車などの最終製品を作る業界が困っている。まずはそれを解消する必要がある。

加えて、日本の劣勢を挽回するチャンスを今迎えている。半導体の世界では、微細化に代わる将来技術の研究が進んでおり、ゲームチェンジが起きようとしている。日本が各国と同じスタートラインに立つことができ、半導体生産で復活を狙えるタイミングだ。

もう一つは経済安全保障の観点。世界のトップの国々においては今後、ＡＩ（人工知能）や量子コンピュータ、５Ｇなどの通信システムが競争力の根源になる。それらに深く関わってくる半導体については、西側諸国、特にアメリカとしっかりと組んで作り上げておかないといけない。

こうした流れを考えると、民間に任せるだけでなく政府の後押しがいる。アメリカ、ヨーロッパともに半導体産業の支援に動いている。日本も同じ西側諸国の共同体として予算を確保すべき。そこで議連は、官民合わせて10年で10兆円規模の投資が半導体産業には必要だと提言した》（「半導体議連が大胆提言『劣勢挽回に10兆円』の根拠」東洋経済オンライン 二〇二二年六月二七日）

要するに、次世代技術を獲得し、日米の基軸を強化するということだ。

ケント　とてもいいことだと思います。

それから次世代技術の獲得ということでいえば、二〇一九年一一月から始まっている東大とＴＳＭＣの共同研究

プロジェクトも特筆すべき動きです。それに先立ち、一〇月一日付で東京大学大学院工学系研究科に「システムデザイン研究センター（d.lab〔ディーラボ〕）」が創設され、また翌二〇年八月一七日に、先端システム技術研究組合（略称RaaS：ラース）が開設されました。

ディーラボは、「ソリューションを作り出す側の視点に立って、システムのアイデアを持つ人なら誰でも専用チップを即座に手にすることができる設計プラットフォーム」（東大）の創出を目指すとしています。そして、ディーラボで設計したチップをTSMCの最先端プロセスで直ちに試作できるように、TSMCの設計開発環境「Open Innovation Platform Virtual Design Environment：VDE」をクラウド上に構築したそうです（「東大とTSMCが大規模提携、日本企業に最先端プロセス半導体開発の光再び」日経クロステック　二〇一九年一一月二七日）。

日本国内のあらゆる半導体関連企業のアイデアやニーズを集約し、即座に試作できる体制を構築するのが目標です。

もう一つのラースは、HPを見ると、エネルギー効率を一〇倍にし、開発効率一〇倍を目標に、最先端の半導体技術を誰でも活用できるように「サービス」として提供する。そのために、東大とＴＳＭＣが、パナソニック、日立製作所、ミライズテクノロジーズ（デンソーとトヨタ自動車の合弁会社）などといった日本企業と手を組んで、各企業のニーズに合わせ最先端プロセスを使う半導体の設計手法を開発しているところです。もっとも、企業秘密なのでどのような半導体をつくっているのかは一切わかりませんが。

日の丸半導体復活のキーマン

田原　二〇二二年の一〇月になって、突如浮上したのが最先端半導体ファウンドリー企業「Rapidus（ラピダス）」だ。トヨタ自動車やソニーグループ、ＮＴＴ、キオクシアなど日本の主要企業八社が出資し、先端半導体の国産化に向けた新会社が設立された。ラピダスというのはラテン語で「速い」という意味。政府も研究開発拠点の整備費用などとして七〇〇億円を補助するようだ。

この会社は、二〇二五年前半までに試作ラインを構築し、二〇二七年をめどに2ナノ以下の半導体の量産化を目指すという。技術の確立までに二兆円、量産ラインの準備に三兆円規模の投資が必要だと。ケントさんのほうが詳しそうだから訊きたい。できると思う？

ケント　それは僕にはわからないけど、結局、日本一国の力ではできないから国際連携をとると言っていますよね。ラピダスが技術ライセンスを結んだＩＢＭはすでに2ナノ品の試作に成功している。

日本半導体復活のキーマンは東大の黒田忠広教授です。半導体の次世代技術である「後工程の三次元（３Ｄ）実装技術」の第一人者。黒田氏はＴＳＭＣと日本企業の〝パイプ役〟として知られている。だから彼がディーラボのセンター長を務め、ラースを設立できた。また、新会社ラピダスにおいては、先端半導体の設計、量産向け先端装置・素材といった要素技術の研究開発を担うＬＳＴＣ（Leading-edge Semiconductor Technology Center）の現場責任者でもある。

彼のインタビュー記事「世界の潮流は『半導体こそ産業の1番バッター』」（東洋経済オンライン　二〇二三年三月三〇日）、を読むと日本の課題がよくわかるのでエッセンスを紹介します。

・日本企業の特徴は、素材や製造装置などの川上産業は強く、デバイスや設計などの川中産業、コンピュータや通信などの川下産業が弱い。
・アメリカや中国は国を挙げて半導体産業を伸ばそうとしているのに、日本は企業任せにしてきた。
・しかし半導体なくして真のデジタル化社会の実現も不可能。野球の打順でたとえるならば、1番バッターが半導体。その証拠に最近では、ユーザーであった世界の巨大プラットフォーム企業が自ら半導体を設計するほどだ。この世界の潮流に取り残されてはいけない。
・日本復活のキーワードは「専用チップの時代の到来」。従来の半導体ビジネスの王道は、安価な汎用チップを大量生産することだった。すなわち資本力がものをいい、日本は技術で負けたのではなく、リソースで負けた。
　しかし、規格化されたチップだけでは複雑な社会問題を解決できるサービスや機器をつくるのが難しくなったため、プラットフォーム企業などのチップユーザーが開発する専用チップに、主戦場が移ろうとしている。
・ただし専用チップの開発には多大な費用や時間がかかるため、素早く設計するにはコンピュータを用いた「自動設計技術」が重要となる。

・脱炭素の規制が重くのしかかるなかでは、エネルギー消費を積極的に削減しなければならない。社会は資本集約型の工業化社会から「知的集約型の知価社会」へと進化する。

・それに伴い、トランジスタを大規模集約した安価なチップから、大量のデータを効率よく処理できる能力とそれを生かした「サービス」に価値が移る。この価値転換を脱炭素の規制のなかで実現しなければならない。

・そのためには、

①専用チップをアジャイル（短期間で検証や改善を繰り返す開発手法）で開発できるプラットフォームの構築

②国内に根を下ろして群生する産業エコシステムの保全

これが達成できれば、大企業でなくても、さまざまな企業が自前のチップを手にできる「半導体の民主化」も実現可能。

それを促すためにも、半導体産業に優れた人材を集めることが不可欠。業界については、競争の舞台の第二幕を予見して先行投資をすることが重要。

彼が立ち上げたディーラボやラースは①の試みです。ラースが掲げている「開発効率10倍かつエネルギー効率10倍」という二つの技術目標を達成するためには、「自動設計技術」の確立が欠かせない。これができれば「半導体の民主化」が可能となる、というのです。

また別のインタビュー記事（「『ラピダスはTSMCと真っ向勝負しない』、東大黒田教授」日経クロステック　二〇二三年一月一〇日）で、ラピダスについては製造において「開発効率10倍かつエネルギー効率10倍」を成し遂げようとしていると評価し、TSMCなどメガファウンドリーとバッティングせずに協調することが、成功するカギだと言っています。またそれは可能だ、とも。

田原　いずれにせよ、日本は失った30年を経て半導体産業の重要性を再認識し、復権に向けて動き出したというわけだ。それにしても、そもそも日本の半導体をつぶしたアメリカと、今度は手を組んで中国と戦うのだからね。皮肉と言えば皮肉だが、隔世の感がする。

ケント　そういう意味では巨大中国を育ててきた米日の後始末であり、封じ込めの象徴が半導体ともいえます。日本政府も企業も、ここにきてようやく半導体が持つ国家戦略的意義を理解したといえます。

田原　それは希望だ。

第四章

戦後日本 贖罪とコンプレックス

I 天皇と国民の戦争責任

国民に戦争責任はないのか

田原　僕の原点は、小学校五年生のとき、八月一五日の敗戦の日にあります。この日、正午から昭和天皇の玉音放送がラジオで流されていた。ノイズが多かったが、その言葉は今も覚えている。

一学期までは、学校の教師も校長も、新聞やラジオも、この戦争は世界の侵略国であるアメリカとイギリスを打ち負かして、アジアの国々を独立させる〝聖戦〟だと強調していた。君らは早く大きくなって、天皇陛下のために名誉の戦死をせよ。そう教えられた。

ところが、二学期になると、同じ教師や校長、そして新聞やラジオが、実は日本の戦争は悪い戦争、〝侵略戦争〟だったと言い出した。一学期までは英雄だった東条英機などが一転して〝犯罪者〟にされた。一八〇度違う。こうした強烈な体験で、僕は大人たちがもっともらしい顔をして言うことが信用できなくなった。政治家もマスコミも一切信用ならなくなった。

戦後、少なくとも一九八〇年代の初めまでは、昭和の戦争――満洲事変、日中戦争、大東亜戦争――は、いずれも日本による侵略戦争であって、東条英機以下二八人がA級戦犯として裁かれ、死刑七人を含めて重罪に処せられたのは当然だとする捉え方が定説となった。批判者が言うところの「東京裁判史観」が、ほとんどの新聞やテレビでの歴史観となっていた。

しかし、一九八〇年代の中盤になると、この東京裁判史観を間違いだという意見が少数ながら登場するようになった。そして一九九〇年代、二〇〇〇年代に入ると「東京裁判史観の呪縛を排せ」という捉え方が少数派ではなくなり、今や、かつての定説のほうが影が薄くなりつつある。

僕は一九七〇年代の後半から、とくに大東亜戦争については、日本による侵略戦争と捉える定説には少なからぬ違和感を覚えていた。だからといって、東京裁判史観を排せという人々の中核となっている、日本の戦争を肯定する見方にも強い違和感を覚える。

結論からいえば、大東亜戦争は、世界の大侵略国であるアメリカ、イギリス、ソ連などと、朝鮮半島、台湾、満洲などを手中にした侵略国・日本との、いわば侵略国同士の世界制覇を目指した戦争であった、というのが僕の解釈です。

そしてその戦いに日本は敗れたわけだ。

歴史は勝者がつくるもので、勝者である連合国は国際連合の常任理事国となり、敗れた日本は侵略国と決めつけられた。だが東西冷戦が始まり、アメリカを中軸とする西側と、ソ連を中軸とする東側の対立が激しくなると、少なくとも西側では日本を敵視する姿勢は消えて、むしろ日本国内でのみ「東京裁判史観」が濃厚に持続した。少なからぬマスメディアが昭和の戦争は侵略とする革新勢力＝左翼にコンプレックスを抱いていたから。そしてその反動が一九九〇年以後、急速に顕在化した。

しかし、大東亜戦争は日本が勝てる見込みなどなかったのに、敗れる戦争を回避しなかった責任は、当時の指導者たちにある。

ケント　田原さんの貴重な経験を聞かせていただいて、ありがとうございます。

私は戦争の責任を「暴走する軍部」に押し付け、あるいは「天皇の戦争責任」を問う一方で、日本国民は「犠牲者」として日本から切り離す。ここにこそ、戦後日本人の〝甘え〟というか、無責任体質が要約されているように思えます。自分たちは経済だけをやって、安全保障はアメリカに委ねる。自衛隊を違憲状態のまま放ったらかしにする。

戦争の原因を軍部に帰して、アメリカと日本国民を正当化するのは占領政策の常套《じょうとう》手段です。毛沢東も日本の軍部と国民を切り離して「日中友好」を説いた。同じ欺瞞です。戦争をした以上、アメリカが日本に勝利したのはいいことだと僕は思いますが、勝者が敗者を裁く戦争史観には賛成しません。だいたい第二次世界大戦までは「戦争犯罪」といったら、戦争における法規や慣例に対する違反を意味しました。A級戦犯の根拠となった「平和に対する罪」は、敗戦後に日本とドイツの指導者を断罪するために編み出された事後法にすぎません。

田原さんは日本や欧米を侵略国と断じていますが、国民党の蔣介石も共産党の毛沢東も一つ穴のムジナ。現に今の中国は国力の獲得とともに、他国を侵略する遅れた帝国主義の姿勢を明らかにしています。

戦う前から敗戦を正確に予測していた

田原　猪瀬直樹氏の『昭和16年夏の敗戦』（中公文庫）を読むと、軍部の愚かさがよくわかる。

近衛が日米交渉を模索していたのと同時期の一九四一年四月、三〇代の優秀な人間たち三六人が集められて首相直轄の「総力戦研究所」なるものがつくられた。彼らは首相以下各大臣に擬せられた。研究所創設の目的は、日米戦争をいかに戦うべきか、いかに戦えば勝利できるかという戦略を作成することであった。彼らは懸命に考え、討議し、できる限りの資料を調べ上げた。そして彼らが到達した結論は次のようなものだった。

《十二月中旬、奇襲作戦を敢行し、成功しても緒戦の勝利は見込まれるが、しかし、物量において劣勢な日本の勝機はない。戦争は長期戦になり、終局ソ連参戦を迎え、日本は敗れる。だから日米開戦はなんとしてでも避けねばならない》（『昭和16年夏の敗戦』）

彼らはそれを直接、東条陸相に向かって発表した。それに対して東条は次のように答えたという。

《諸君の研究の労を多とするが、これはあくまでも机上の演習でありまして、実際の戦争というものは、君たちの考えているようなものではないのであります。日露戦争でわが大日本帝国は、勝てるとは思わなかった。しかし、勝ったのであります。あの当時も列強による三国干渉で、止むにやまれず帝国は立ち上がったのでありまして、勝てる戦争だからと思ってやったのではなかった。戦というものは、計画通りにいかない。意外裡なことが勝利につながっていく。したがって、君たちの考えていることは、机上の空論とはいわないとしても、あくまでも、その意外裡の要素というものをば考慮したものではないのであります》（同前）

東条のこんな説明は、まったく論理性も説得力もない。何より戦略らしきものがうかがえない。日露戦争と比較していますが、このときは当時の世界最強国イギリスと同盟関係を結んでおり、事前にアメリカに仲介を依頼していた。東条が強調しているのは「意外裡の要素」ということで、これはつまり「運」だ。「運」に頼って戦争などしてよいものなのか。いいはずがない！

同じようなことは、御前会議の前日の一九四一年九月五日にも起きている。海軍軍令部総長の永野修身がクラウゼヴィッツの言葉を引いて「実際の勝敗はやってみなければわからない」と言ったのです。

またこれは東条が首相になってからのことですが、議会で「必勝の信念で勝つ」と表明した東条に、ある議員が「必勝の信念」の根拠を質すと、次のように答えた。

《由来皇軍の御戦《みいく》さは、御稜威《みいつ》の下、戦えば必ず勝つのであります。これは光輝ある皇国三千年の伝統であり、信念であります》（保阪正康『昭和史入門』文春新書）

あきれるほど空虚な精神論だ。東条首相になって、軍部には日米戦争をしたくてたまらないという空気が充満していたのでしょう。

東条英機の功罪

ケント　そんな考え方は神がかりだし愚かだと僕も思います。しかし、その東条本人がA級戦犯に処せられることによって、昭和天皇を守ったのではありませんか。昭和天皇を守ったということは国民を守ったということでしょう。

マッカーサーは一九四六年一月二五日にアイゼンハワー参謀総長宛てに次のような機密電報を打電した。

《もしも天皇を裁判に付そうというのであれば、占領計画に大きな変更をくわえなければならず、したがって実際に裁判を開始するに先立って、しかるべき準備を完了しておくべきである。天皇を告発するならば、日本国民のあいだに必ずや大騒乱を引き起こし、その影響はどれほど過大視しても、しすぎることはなかろう。天皇は日本国民統合の象徴であり、天皇を廃除するならば、日本は瓦解するであろう》

ところで、東条はマッカーサーをまったく評価してなかったようです。AP通信のラッセル・ブラインズ記者は、占領直後に用賀にあった東条邸を、前代議士だった笠《かさ》井重治《いじゅうじ》と共に訪ね、マッカーサーをどう思うかと、質問した。

東条は、「マッカーサーは、フィリピンで部下を置き去りにして豪州に逃げた。指揮官としてあるまじき行為だ。良い点数はあげられない」と、答えた。

通訳をしていた笠井が慌てて、「閣下、まずいですよ。『敵将ながら、なかなかの人物だ』ぐらいにしておきましょう」と言うと、東条は、「適当に訳しておけ」と、応じたという（笑）。

田原　東条は、「戦争は天皇の意思ではなく、私の内閣において戦争を決定した」と言っている。彼はやっぱり天皇を守り、責任を自分で背負うことを決意していた。僕もそれは偉いと思う。他の六人の処刑されたA級戦犯たちも天皇を守るためにその罪を引き受けた。

実は靖国問題を解決するために、靖国に英霊として祀られているA級戦犯たちについて別の社に移ってほしいと、遺族の人々に、藤波孝生さんが頼んだことがある。ところが、東条の遺族に断られた。

「A級戦犯でも、終身刑の人などはその後大臣になり、勲章までもらっている。殺された人間だけが、なぜ永久にA級戦犯なのですか」。こう言われて藤波さんは、返す言葉がなかったそうです。

ただそのことと、日本を戦争に追いやった責任は、やっぱり別のことだと思います。

相手があっての戦争

田原　当時の新聞、ラジオ、雑誌など、マスメディアはほとんど例外なく戦争を煽っていた。また多くの国民も開戦の報を聞いて喝采した。日清戦争での三国干渉、日露戦争での講和条約に不満をいだき、日比谷焼き討ち事件を起こしたのも国民だし、その怒りを煽ったのはマスメディアだった。

戦後はそのメディアが一転して「東京裁判史観」のお先棒担ぎをし、また国民の多くが抵抗感なくメディアに乗せられてきた、というのが戦後日本の実態です。

ケント　相手があっての戦争です。日本次第で戦争を止めることができたというのは、本当でしょうか。もっというと、それは日本の国力を過大評価しているように聞こえます。戦争をしたかったのはアメリカだと言ったのは田原さん本人です。

日本に問題があるとすれば、当時の日本の立場を正確に理解していなかったことです。日清・日露戦争に勝利して、いわゆる大国の仲間入りをした日本は、白人国家から脅威として捉えられていた。これが当時の国際常識というものでした。

日本は、この常識に対する認識が甘かった。日本は、石油や鉄などの重要物資をアメリカからの輸入に頼ることを止めずにいました。日本の軍隊は確かに強かったけれど、その物質的な裏付けをアメリカに頼っていた。田原さんのおっしゃるとおりアメリカは罠を仕掛け、その絶好のチャンスを生かしただけなのです。

ですから、一九五一年五月に自身の解任と極東の軍事情勢について米上院軍事外交委員会で証言したマッカーサーの「日本が太平洋戦争に突入したのは、大部分は安全保障上の必要によるものだった」という認識は、正しいと思います。

翻《ひるがえ》って今の日本も、未練がましく中国ビジネスを続けている経済界や、中国共産党の戦狼外交と人権弾圧に頬被りする日本政府は、太平洋戦争の罠に引っかかった当時の日本政府と同じように見える。いやそれ以上に危機意識が欠如している。ちょっと末期的かもしれない。政府も国民もあの戦争を本当に反省したんですかね。

もし昭和天皇が退位していたら

田原　僕は、戦後の日本があいまいになってしまったのは、昭和天皇が戦争責任をとらなかったことにあると今でも思っている。もし、天皇が「私のために何百万の国民が戦死し、私の代わりに戦犯として処刑されたことの責任をとって退位する」とはっきり言えば、戦後の日本はもっと別のものになっていたのではないか。

石原慎太郎さんが言うには、天皇には責任をとって退位する御意志があったと聞くが、マッカーサーはそれを逆に利用して退位を認めず、存分に天皇

を利用したという。お陰で日本は、相当ひ弱になってしまった。

戦後日本の欠陥は、責任意識がなくなってしまったことだ。あたかも天皇という巨大なブラックボックスのなかに責任という意識が吸い込まれてしまったかのようです。戦前の体制をもっぱら悪として、戦後は解放と自由ばかりを主張して、国家から家まで、すべてを曖昧な存在にしてしまった。

僕は吉田茂という政治家を高く評価しています。歴代総理大臣で特筆できるのは、吉田茂、岸信介、田中角栄、中曽根康弘くらい。しかし吉田茂は、占領下でマッカーサーという絶対権力者のもとにいて、やや得だったともいえます。そして、戦後日本を曖昧にした張本人でもある。

ともかく天皇制を存続させたいという一心で、天皇の戦争責任を曖昧にし、天皇制存続と交換条件のように憲法九条を受け入れ、朝鮮戦争の勃発によってマッカーサーから「軍隊をつくれ」と要請されると、警察予備隊から自衛隊という形で憲法九条を破り、それでもなお「戦力なき軍隊」とわけのわからぬ説明をして、憲法を曖昧なものにしてしまった。もちろん吉田自身は曖昧にせざるをえない矛盾を深く感じ、曖昧でない国家にしようと考えていたのでしょうが、吉田の後継者や、そして国民の多くが、逆にその曖昧さをどんどん拡大させてしまった。

ケント　現に、晩年の吉田茂は再軍備しなかったことを後悔しています。

天皇かＧｏｄか

田原　明治憲法をつくろうとして伊藤博文が、日本にはキリスト教のような人間の内なる秩序をつくる宗教がないことを知り、「天皇教」をつくったことは確かです。

アメリカやヨーロッパでは、人間の自立というときには神から自立することを言うでしょう。

しかし、そうは言いながらも、神は存在する。つまり神と人間との緊張関係が社会を成り立たせている。日本は成功したかどうかはともかく、そうした緊張関係を、伊藤博文が天皇と人間の間でつくろうとした。少なくとも戦前の日本には、それに近いものがあった。

ところが戦後は、天皇制が事実上、なくなってしまった。そうすると人間は何から自立するのかわからなくなってしまい、国民は戦前の国家から自立することだというふうにとってしまった。天皇という神の代わりに、戦前の国家を自立の対象にしたのです。

一方、知識人たちは、天皇の戦争責任を追及することによって、戦前から自立しようとした。現に、戦後何人もの有識者が、天皇の戦争責任を追及している。たとえば戦後日本の代表的知識人である丸山眞男氏がそう。

《大日本帝国における天皇の地位についての面倒な法理はともかくとして、主権者として「統治権を総攬《そうらん》」し、国務各大臣を自由に任免する権限をもち、統帥権はじめ諸々の大権を直接掌握していた天皇が――現に終戦の決定を自ら下し、幾百万の軍隊の武装解除を殆《ほとん》ど摩擦なく遂行させるほどの強大な権威を国民の間に持ち続けた天皇が、あの十数年の政治過程とその齎《もたら》した結果に対して無責任であるなどということは、およそ政治倫理上の常識が許さない》（「戦争責任の盲点」）

丸山はこうした天皇への責任追及の声が左翼から激しく出されたのみで、自由主義者たちがその問題を回避したことに対し「日本の知性の致命的な脆《もろ》さ」と怒っていた。

若い頃の僕もこれに共感した。

ケント　人間である天皇に一神教の「神（God）」の代替を求めるというのは、どう考えても無理があります。日本に来たばかりの僕もそうでしたが、外国人にとっては天皇というのは理解するのが非常に難しい存在です。

「国体」だといっても、「国体」とは何か、長年、私もよく理解できませんでした。英訳すると「national polity」となりますが、この英語もよくわかりません。大学で神話時代の日本史、日本書紀、万葉集を勉強したことはありましたが、それだけでは天皇や国体というものを理解できませんでした。

二〇一九年に私は『天皇という「世界の奇跡」を持つ日本』（徳間書店）という本を書きましたが、このときに何時間も編集者たちや自分のスタッフとじっくり話し合って、ようやく理解できるようになりました。天皇は、日本国民を一つにまとめることができる存在であることは間違いありません。加瀬英明氏の「天皇は常に国民とともにいる」という表現が非常に印象的でした。

田原　一九四五年一二月、つまり敗戦の四カ月後の世論調査（毎日新聞　一九四六年二月四日）で、天皇制を是とするものは九〇パーセント強であり、否とするものは九パーセントに満たなかった（加藤陽子『天皇の歴史08　昭和天皇と戦争の世紀』講談社）。大東亜戦争で約一七五万人もの国民が、天皇陛下のためにと戦い、生命を失っているにもかかわらず。

明治天皇も昭和天皇も戦争を止められなかった

田原　実は明治天皇は日清戦争にも日露戦争にも反対でした。天皇の名で宣戦は布告されたけれど。

《八月十一日、天皇は宮内大臣土方久元《ひじかたひさもと》を召し、「今回の戦争は朕素《もと》より不本意なり、閣臣等戦争の已《や》むべからざるを奏《そう》するに依《よ》り、之れを許したるのみ」と心情を吐露した。土方は天皇の御沙汰にひどく驚き、宣戦の詔勅との齟齬《そご》を挙げて諫言《かんげん》に及んだ。土方の諫言は天皇の逆鱗にふれ、天皇は「再び謂《い》ふなかれ、朕復《ま》た汝《なんじ》を見るを欲せず」》

（笠原英彦『明治天皇』中公新書）。

また日露戦争に対しても明治天皇は強く反対した。

二月四日の開戦を決める御前会議で、明治天皇は、《「今回の戦は朕が志にあらず」とし、事態の進展上やむをえない決定であるとの叡《えい》慮《りょ》を示した。天皇はさらに言葉を加えて「事《こと》万一蹉跌《さてつ》を生ぜば、朕何を以《もっ》てか祖宗《そそう》に謝し、臣民に対するを得ん」と心情をもらした》（同前）

それは「忽《たちま》ち涙潸々《さんさん》として下る」（同前）ほどだった。また、戦争中に詠んだ「四方《よも》の海みな同胞《はらから》と思ふ世になど波風のたちさわぐらむ」という歌も有名です。

昭和天皇は自身が戦争に反対しながらも阻止できなかった理由を戦後こう語っている。

《私が若し開戦の決定に対して「ベトー」したとしよう。国内は必ず大内乱となり、私の信頼する周囲の者は殺され、私の生命も保証出来ない、それは良いとしても結局狂暴な戦争が展開され、今次の戦争に数倍する悲惨事が行はれ、果ては終戦も出来兼ねる始末となり、日本は亡びる事になつ〔た〕であらうと思ふ》（寺崎英成、マリコ・

テラサキ・ミラー『昭和天皇独白録』文春文庫）

そうだったのだろうと思います。幸い明治天皇は二つの戦争に勝利した。昭和天皇は非常に孤独だったと思う。

松本健一氏の『畏るべき昭和天皇』（新潮文庫）によれば、ポツダム宣言が発表されたとき、かつて三度も首相を務めた近衛文磨が、「もう、こうなったら、天皇は退位するべきですね。そうすることによって皇室を護ることができるでしょう。やはり、陛下にはこの戦争に責任がある。戦艦に御座乗いただいて、戦死していただくのが、一番よい。自決していただくのが、もっとよいと思いますがね。そのうえで国民も、軍も、無条件降伏をすることに納得がゆくでしょう」と言ったという。

その近衛がＧＨＱに戦犯として逮捕されることになって服毒自殺をしたときに書いた「手記（日米交渉に就て）」（『失はれし政治——近衛文磨公の手記』朝日新聞社所収）を読んで、昭和天皇は「どうも近衛は自分にだけ都合のよいことをいっているね」と評し、近衛の服毒自殺を知って「近衛は弱いね」と述べたそうだ。

松本氏によれば、昭和天皇は戦争責任というものは、自分が「退位」したり「自決」

すればすむような軽いものではないと考えていた。もっといえば昭和天皇は自分に戦争責任があると強く認識しながら、だからこそ「自決」すればすむというのは自分勝手だと考えていたのだと思う。自分自身を超えた問題であるだけに、自分が始末できるものではないと覚悟を決めていた。

ケント　国民はわかっていたから、メディアが「戦争責任」を声高に叫んでも、黙って、そういう昭和天皇に従ったのかもしれませんね。

Ⅱ 戦争をしないための憲法改正

いつから改憲に変わったのか

田原　僕は、戦後日本がソ連ではなくアメリカと組んだことは正解だと思うし、自衛のための軍事力は必要と思う。適当に基地を提供し、アメリカに番犬役を務めてもらう。戦後憲法はどのようにも解釈できて、その意味ではまことに使い勝手がいい。長い間憲法改正を言い続けてきた中曾根さんも、首相になったら、ぷっつり言わなくなった。

六〇年代は、私は反米反体制で、それゆえに護憲派でした。しかし七〇年代、八〇年代は、私は現実主義者として、日本人は憲法をうまく使いこなしていると感じていた。

もしもベトナム戦争を手伝えとアメリカに要請されたとしたら、そっちが憲法九条をつくってこちらを縛っているのだから、手伝いに行かれぬと突っぱねられる、という打算もあった。軍事力による国際貢献のためには、現在の憲法では無理で、そこまで憲法をボロ雑巾のように扱うのは却って害が大きいと感じたのは、九〇年代の後半です。

ケント　同感です。解釈改憲によって日本人の責任感と倫理観はますます希薄になったと思います。

田原さんはいつから改憲に賛成するようになったんですか？

田原　僕はずいぶん長い間、改憲には反対だった。戦前の日本は、資源や安い労働力や市場を求めて、中国や東南アジアに出ていた。ところが、その行きつく先が戦争だったから。それに今の憲法のもとで天皇もなんとかおさまっているし、自衛隊を憲法違反だという声もそれほど多くはなかった。

池田内閣以後、日本は世界中をマーケットにしたでしょう。当時池田の秘書だった伊藤昌哉は、「時代が軍事力そのものを競うパワー・ポリティクスからエコノミック・ポリティクスに変わってきた。経済も外交の武器になると、池田は一番早く見抜いていたのだ」と言っていた。私は説得力があると思った。

だからといって僕は、非武装中立には与《くみ》しなかった。改憲派も非武装中立も同様の理想主義というか、ロマン派だと捉えていた。

ケント　それが変わったのは？

田原　うん、ところが、これはちょっと問題だな、と思い出したのは湾岸戦争のときからです。

あのとき、私が駐日大使のマイケル・アマコスト（在位一九八九年〜一九九三）にインタビューしたら、「ショー・ザ・フラッグ」、つまり日の丸を見たいといった。

湾岸戦争とは、フセインのイラク軍がクウェートに侵攻したのに対して、戦後初めて国連安保理の裁決で国連多国籍軍が編成されたのですが、現在の憲法では日本は参加することはできないというのが世論でした。当時『サンデープロジェクト』に出演していた高坂正堯さんと、どうすべきか何度も話し合いました。僕は彼を尊敬していた。高坂さんは、保守リベラルで、護憲派です。ところが、その高坂さんが『サンデープロジェクト』の本番で、「日本は湾岸戦争へ自衛隊を参加させるべきだ」と言ったのです。

そうしたら「文藝春秋」や「Ｖｏｉｃｅ」の編集者たちから電話がかかってきて、「高坂さんが自衛隊を参加させるべきと言うなら、われわれも考えなくてはいけない」と。高坂さんはその後、やはり早い時期に改憲を言い出している。

私が改憲の必要性をいよいよ感じたのは、一九九六年、台湾で行われた総統選挙のときです。結局、李登輝《りとうき》が選出されたけれど、中国は台湾海峡にミサイルを撃ち込んだり、かなりの威嚇行動に出た。アメリカは空母を派遣したけれど、日本は空母の海上給油に協力しなかった。ほぼ同じ時期に北朝鮮の核問題が起き、日本も国際貢献が必要で、そのためには改憲すべきだという声が高まった。僕も、一国平和主義の限界がきた、と感じたものです。

実は僕はこのとき初めて憲法前文を真剣に読んだ。そして、平和を愛する諸国民の信頼の上に胡坐《あぐら》をかいて、日本は何もしなくていいというのは、もはや通用しない、ということがわかった。

池田、佐藤、中曾根内閣あたりまでは、日本に対して多国籍軍へ参加せよなどという論調はなく、むしろ日本が軍事大国になるのを警戒する国がほとんどだったからね。

戦争を知らなければ平和の価値もわからない

ケント　アメリカ人は戦争は嫌いですが、身近なのです。自国を守るために戦うことの尊さを知り、軍人を尊敬しています。平和ボケした日本人は戦争を知らないため、本当の意味で平和の価値も知らないのです。

日本の「自称平和運動家」が皮肉のつもりで、「アメリカ人は戦争が好きだから……」などと言うことがある。完全に「平和ボケ」。無知と曲解にあきれるしかない。

彼らは日本国憲法第九条を愛してますが、本質は強すぎた旧日本軍にGHQが科した宮刑《きゅうけい》（去勢する刑罰）だということを知るべきです。日本人が軍隊や軍人を尊敬しなくなったのは、国の規模に比べると自衛隊員が少ないからだと思います。周りに自衛官の知人が一人もいないという人が多いのではないか。

加えて、日本は軍事に関する教育や報道に偏向がある。

僕の父と伯父は朝鮮戦争時に徴兵され、二〇代の数年を軍人として過ごしました。父が最前線に派遣され、戦死していたら、僕はこの世に生まれていなかった。

僕自身は軍隊を経験していないけれど、一八歳のときに徴兵の登録を行った。抽選結果と戦況次第では、一九七一年に宣教師として初来日する代わりに、兵士としてベトナム戦争に参加していたかもしれなかったのです。

戦死、あるいは手や足を失って帰還した先輩は何人もいた。ジャングルで戦う自分の姿は想像できなかったけれど、「もし、抽選で選ばれたら、精いっぱい戦うしかない」と考えていました。

二四歳のときには、沖縄の在日米軍嘉手納基地に半年間あまり住んだ経験がありま す。義弟は陸軍に入り三年間は沖縄勤務だった。現在も親戚には複数の現役軍人がいる。友人や、その子供が軍人になったケースは数え切れない。

つまりアメリカ人にとって軍隊とは、家族や友人の集合体なんです。戦争になれば家族や友人が戦地に赴き、悲惨な体験をしたり、死ぬかもしれない。それは他人事ではなく、非常に身近な現実なんです。アメリカ人が戦争を好きになれるはずがない。

アメリカでは、いや日本以外の国では、軍人とは、祖国や国民を守るためなら自分の命を危険にさらす覚悟を持った、尊い存在です。だからアメリカ人は誰もが軍人を尊敬し、感謝する。子供たちは単純にカッコいいと憧れる。

ところが、日本の「自称平和運動家」には、自衛官や在日米軍軍人への尊敬や感謝がない。

自分たちの生活が軍隊の抑止力で守られている現実を「自称平和運動家」は認めない。それどころか彼らの無責任な言動が日本を危機にさらし、他国を利する売国行為だということが理解できていない。いや、それこそが彼らの真の狙いなのでしょう。

ベトナム戦争がより悲惨だったのは、ふつうは戦争から帰ってきた軍人は英雄扱いなのに、ベトナム戦争から戻ってきた軍人はクズ扱いだったことです。すごくかわいそうでした。反戦運動があったとはいえ、自分の義務を果たした人たちを英雄と思わない人たちが多いというのは、とても残酷なことです。

戦後の日本人が、戦争で戦った人たち、死んでいった人たちに対して、自分は安全地帯にいながら「犬死」だとか「犠牲者」だと一括するのは、死者に対する冒瀆であることを知るべきです。戦争を知らない人たちは平和的なことを言っているつもりで、自分の発言の酷薄さにも気づけない。

田原　だからこそ二度と戦争を起こしてはならない。

自由主義にはチャンスとチェンジがある

ケント　第二章で共産主義と自由主義の違いについて話しましたが、ふと気づいたことがあります。自由主義にはchance（チャンス）がある。しかしchanceというのはchange（チェンジ）を伴う。そして、changeにはtrouble（トラブル）が付いてまわる。troubleや市場の変化に対応できない企業は淘汰される。このtroubleを恐れるあまり、changeしないほうがいいというのが共産主義です。

田原　なんでアメリカやデモクラシーの国はトラブルを恐れないんですか？

ケント　それはトラブルが起きても対処すればいいという姿勢だからです。それによって、もっといいチェンジができる。たとえば、アメリカでは鉄道と鉄鋼が独占企業に支配されていた。それを独占禁止法をつくることで対処した。貧富の差が拡大すると最低賃金を設けたり、セーフティーネットを用意した。そうしてトラブルに対処することで発展してきたという歴史があります。

田原　ということは、トランプはそのトラブルを拒否した。つまり、ヒト・モノ・カネの移動を自由にしたグローバリズムの結果、アメリカの失業率が増えた。だから反グローバリズムで、世界のことはどうでもいい、アメリカだけが儲かればいい、と中国を叩いた。

ケント　それはアメリカに対する中国の取引がフェアではないからです。チエンジを恐れたからではありません。アメリカ人は競争や取引がフェアでないことを嫌います。ですから、温室効果ガスの排出量を二〇五〇年以降に実質的にゼロにすることを目標に掲げていた「パリ協定」やWTO、「北米自由貿易協定（NAFTA）」からの離脱を表明したのです。それはいずれの協定も発展途上国を優遇し、アメリカが不利になる条件ばかりだったから。多国間協定ではどうしてもアメリカが不利になる。そこでトランプは二国間協定を結び直します。NAFTAは再

交渉の結果、「アメリカ・メキシコ・カナダ協定（USMCA）」として二〇一八年一一月に署名、二〇年七月に発効しました。

NATOの加盟各国に防衛費の負担アップを求めたのも同様の理由です。

つまり、トランプはグローバリズムの限界を感じて、それに対処したわけです。

田原　アメリカはプライドがあるんです。世界の安定を守っているのは自分たちだという。

ケント　そうですね。だから日本人もプライドを持ってほしい。極東の安定を守ることに自分たちが貢献しているのだということに。

田原　アメリカが日本にそれを求めてきているということが、じわじわと日本人にもわかるようになってきた。

ケント　そう思います。わかってきた日本人が増えている。それはトランプのときから始まったんです。日本はアメリカに追従していなければならないという、これまでの掟をトランプが破りました。それは安倍さんを信頼したからです。だからトランプがTPPの交渉をとりやめたときに、安倍さんは日本の重要な経済政策であるとトランプを説得しようとしました。それに対してトランプは、「それなら、TPPをやったらいいですよ。アメリカは参加しないけれど」と、日本独自の路線を認めました。こんなことは今までなかった。

でも、まさか自分が生きている間にアメリカと日本が日米貿易協定（FTA）を結ぶとは思わなかった。その交渉中、私が安倍さんに会う機会があってそう言うと、「フェアにやらないといけない」と言っていました。当時はアメリカから日本の自動車に制裁的な高関税を課されると盛んに報道されていましたが、杞憂《きゆう》に終わりました。安倍さんとトランプの間ではそのことについて、暗黙の了解があったようです。「日米FTAはTPPとほぼ同じ条件になる」と安倍さんが言っていて、実際にそうなりました。

米中露に言いたいことを言った安倍晋三

田原　実はアメリカに対しても中国に対してもロシアに対しても、言いたいことを言った政治家は、安倍さんなんです。

第一次安倍政権に就いたとき、最初の訪問先を中国にして、靖国参拝で険悪になっていた日中関係を改善したのも安倍さんだった。そう助言したのは僕だったけど、安倍さんは素直に聞いてくれた。

誰もがヒラリーが次期大統領になると思っていたとき、当選したトランプに真っ先にニューヨークまで会いに行ったのも安倍さんだった。日本に帰ってきた安倍さんは大興奮した様子で、オバマとは事務的な話しかできなかったけど、トランプとは心から話し合いができた、と言っていた。

ケント　安倍さんから直接聞いたことですが、その会談の話題のうちの八割は極東情勢における中国の脅威に関するもので、それまでは日本と中国の違いについて区別がついてなかったトランプが、中国に期待してはいけないことを理解したといいます。トランプが中国ではなく日本を信頼し、〝アジアのリーダーは安倍さんしかいない〟と思わせたのは、安倍さんの功績ですよね。

せっかくなのでベストセラーの『安倍晋三 回顧録』（安倍晋三他　中央公論新社）について議論しましょう。この本は一年以上前にできあがっていたのに、安倍さんからストップがかかり、発行を見送っていた作品だったようです。なぜ安倍さんが待ったをかけたのかはわかりませんが、なるほど読んでみると、こんなこと書いていいのかなと思うことがたくさんあって面白い。たとえば、トランプについても、われわれが思い描くトランプ像とは違う、意外な顔が描かれています。

トランプは国際社会で、いきなり軍事行使をするタイプだ、と警戒されていると思います。ウクライナ戦争も、アメリカ大統領がバイデンではなく、軍事行動も辞さないトランプであれば、プーチンは一線を越えなかったのではないか、というのがある種の説得力をもって言われている。

しかし、実はまったく逆だと安倍さんは言います。

トランプは根がビジネスマンだから、お金がかかることには慎重で、お金の勘定で外交・安全保障を考える。たとえば、「米韓合同軍事演習には莫大なお金がかかっている。もったいない。止めてしまえ」と言うわけです。

また米軍が日本海周辺に空母打撃群を派遣したときも、トランプは膨大な費用がかかるから「空母は軍港にとどめておいたほうがいい」と言っていたと。それでは空母の意味がないね（笑）。

しかし、これは日本にとっては笑い事ではすまない。

《もし、「トランプが実は軍事行動に消極的な人物だ」と金正恩が知ってしまったら、圧力が利かなくなってしまいます。だから、絶対に外部には気づかせないようにしなければならなかったのです。「トランプはいざとなったらやるぞ」と北朝鮮に思わせておく必要がありました。私だけでなく、米国の安全保障チームも、トランプの本性を隠しておこうと必死でした》（『安倍晋三 回顧録』）

トランプの安全保障における大統領補佐官だったジョン・ボルトンもその回顧録で、安倍さんが、北朝鮮には軍事的圧力が何より重要であること、あらゆるオプションがテーブルの上にある（すなわち軍事力行使を含む）というアメリカの立場を支持すること、北の定義する「行動対行動」のペースに乗せられて、中途半端な見せかけの措置と引き換えに制裁を緩和してはならないこと、核だけでなく生物・化学兵器の廃棄も求めねばならないこと、大陸間弾道弾だけでなく中・短距離ミサイルの廃棄も求めねばならないこと、などをトランプに対し、繰り返し念を押していたと書いています。

ボルトンは、すべてに同意したうえで、「トランプには重要なポイントを何度も強調し、思い出させねばならないことを安倍はよくわかっていた」と評価しています。

鳩山への失望がオバマの日本不信を生んだ

田原　ボルトンは安倍さんをいたく評価している。それからカウンターパートだった谷内正太郎さんのことも。

ケント　トランプはビジネス界での成功体験の手法を、国際政治に持ち込もうとしたわけです。「アメリカファースト」はある面ではいいのだけれど、国が利潤だけを考えていてはいけないわけです。「様々な利害を調整し、問題を処理するのが政治家の仕事」（同前）だからです。

また、「なぜ米国が西側諸国の負担を背負わなければいけないのか」という考え方が強くあって、西側の自由民主主義陣営のリーダーという意識に薄いトランプに、安倍さんはＮＡＴＯや日本も協力するから、自由世界のリーダーとして振る舞ってほしい、と説いてきたと言います。

安倍さんは「国際社会の安全は米国の存在で保たれている」とトランプに繰り返し言った。アメリカの国家安全保障会議（ＮＳＣ）の面々も同じ考えだったので、ＮＳ

C事務方は、安倍さんを利用して、トランプの考え方を何とか改めさせようとすらしたとまで回顧録に書いていています。

これは煽情的なメディアのトランプ批判より、よほど本質的な批判になっている。

田原　安倍さんは、オバマには日本に対する不信感みたいなものがあったと書いてますね。

《沖縄県の米軍普天間飛行場の移設先を「県外」と言って、「トラストミー」と約束したかと思えば、また名護市辺野古に戻すという民主党政権の振る舞いが、オバマを疑心暗鬼にさせていたのだと思います。オバマも本当は、「トラストミー」と言った鳩山由紀夫首相には期待していたそうですよ。同じリベラルだから。それだけに、裏切られたという思いが強かったのでしょう》（同前）

鳩山さんはかつて田中角栄にこんなふうに言われたそうだ。「お前はお坊ちゃんだから、簡単に権力が握れる。でも握ったらどうするか、そのことをしっかり考えろ」と。だから鳩山は、結果的にはっきり言いすぎて、失言が多いのかもしれないね。

返還目前だった北方領土二島

田原　日本人の多くは安倍さんがプーチンに騙されたと誤解しているけど、二七回も会談して信頼関係を築いていた。二〇一八年一一月のプーチンとのシンガポールでの会談では、北方領土四島のうちの二島を日本に返還するとプーチンは本気で話した。この会談後、日露外交に精通する鈴木宗男氏と佐藤優氏が僕のところに相談に来た。「二島返還になると、現行の日米地位協定のもとでは米軍がその二島に行く可能性がある。安倍首相に『日米地位協定を一部改訂し、返還されても米軍が二島に行けないようにしてもらいたい』と言ってほしい」と頼まれた。

日米地位協定では、「日本側の同意なしに米軍の施設・区域を設置することはできない」と定めている一方で、北方領土に関しては、「施設・区域を設けない日本がソ連と約束することは、安保上問題がある」という外務省の文書が残っていたからね。

ケント　永世中立の地域にすればいい。

田原　安倍さんはトランプと交渉したと思う。

回顧録では、二〇一八年一一月のシンガポール会談の翌月に行われたブエノスアイレスでの会談について、「安倍政権の中で日露が最も近づいた時だったと思います。本当に2島返還の合意に向けたチャンスだった」と言っている。

日露両首脳は、二〇一九年六月に大阪で開かれるG20首脳会議で二島返還の合意を目指すことで一致し、プーチンは「明日から外相間で交渉を始めてもいいくらいだ」と言い、横にいたラブロフのほうを向きながら、「彼は何もやることがないから、ウイスキーばかり飲んでいる。体に悪い。飲むならウォッカだろう」と言って笑っていた、と。

安倍さんのプーチン評は「プーチンはクールな感じに見えるけれど、意外に気さくで、実際はそれほどではありません。ブラックジョークもよく言います」（同前）というものだ。

しかし、いざ一九年になると外相や次官級の協議で、ロシアは原理主義に戻ってしまった。ロシアは景気が悪くなったし、ロシア国内で領土返還に対する反対運動が起きた。

安倍さんは無念の思いでこう語っている。

《私も一生懸命説得したけれど、ロシアの米国不信は拭えなかったのかもしれません。1989年の東西ドイツ統一の時、東側のポーランド、チェコ、ハンガリーは、北大西洋条約機構（NATO）には加盟しなかった。ところがその後、加盟が実現し、今ではポーランドとルーマニアに、米国のミサイル防衛システム・イージスアショアまで配備されるようになっています。イランの攻撃に備えたものですが、ロシア側は対ロシアも念頭にあると考えていました。そうしたことも、プーチンの頭の中にはあったのでしょう。

19世紀にドイツを統一したビスマルクは、「鉄血」、つまり兵器と兵力でしか、問題は解決できないと言って統一を成し遂げました。04年の中露の国境画定も、1969年に国境付近の川で軍事衝突が起きて、両国が解決しようとなったわけです。日本がテーブルの上で、いくら法の正当性を述べたところで、ロシアにとっては痛くも痒くもないとも言えます》（同前）

ケント　北方領土は永遠に解決できない問題かもしれませんね。安倍さんを喪ったのは大きい。

「戦略的互恵関係」に徹した対中外交

ケント　日中関係や習近平についても面白いことを書いていますね。保守派から特に批判の的になっていた靖国参拝に関して、「靖国に行かない」とは絶対に言わず、雰囲気として「安倍は行かないだろう」と中国には思わせる。その代わり中国もそれ以上、靖国に関して日本にとやかく言わない。そうした暗黙の了解ができれば、関係改善は可能だと思ったと言います。

曖昧戦略ですね。安倍さんは、話し合いが平行線をたどる問題に対しては、議論を凍結する「冷凍庫路線」としていますが。しかし、繰り返しますが、これは靖国参拝を政治問題化した中曾根政権に問題がある。

田原　安倍さんは中国国内の権力闘争を見据えたうえで、中国の指導者にとって日本との交渉は危険なカードであることを、よく理解していた。中曾根—胡耀邦の教訓があるからです。

安倍さんの対中戦略の基本は「戦略的互恵関係」だった。曰く、「それまで日中関係は、友好至上主義のようで、情緒的だった。しかし、友好は手段であって、目的ではない。友好のために国益を損ねることがあってはならない。関係を改善し、緊密な関係をつくることが両国の利益になる。これが戦略的互恵関係」(同前)だと。

これは、小泉政権の度重なる靖国参拝で最悪になっていた日中関係を改善するために、当時外務次官だった谷内正太郎さんたちが考えたものだった。この戦略の命名自体は外務省中国課長(当時)秋葉剛男《たけお》氏だったという。実際、安倍さんは首相になって最初の外遊先に中国を選び、戦略的互恵関係を結んだ。

半面、「中国の指導者と打ち解けて話すのは、私には無理です」とも率直に語っている。だから二階さんみたいな人を重宝したのでしょう。

ケント 安倍さんは二階さんとの間柄も「戦略的互恵関係だった」と言ってます(笑)。

田原 二階さんは何事も「一番槍」を務めると評価していたね。安倍さんの自民党総裁三選を言い出したのも、安倍さんの退任後の総裁選で菅義偉官房長官の支持を真っ先に表明したのも、二階さんだったと。リスクを背負った一番槍だから、安倍さんは二階さんに幹事長という要職を任せ、二階派の議員もおろそかにしなかった。

習近平は「強烈なリアリスト」

田原　習近平への分析も面白いね。習近平は、就任当初からしばらくは、日中首脳会談を開いても、事前に用意された発言要領を読むだけで、トランプとの最初の米中首脳会談でも、下を向いて原稿を読んでいた。するとトランプが「なんだ、習近平という男は、あの程度か」と驚いた。それが二〇一八年頃からはペーパーを読まず、自由に発言するようになったという。

安倍さんはそれを習近平の権力基盤の確立と見た。習近平と李克強の関係も、毛沢東と、首相として毛に尽くした周恩来の関係になぞらえている。

習近平はだんだん本心を話すようになって、あるときこう言った。「自分がもし米国に生まれていたら、米国の共産党には入らないだろう。民主党か共和党に入党する」と。

この回顧録で必ずと言っていいほど引用される箇所だけれど、安倍さんは習近平を「強烈なリアリスト」と評価している。つまり、共産主義というイデオロギーではなく、政治権力を掌握するために共産党に入ったわけだ。

これは遠藤誉さんから聞いたことだが、習近平の父親は非常に民主的な人で少数民族にもやさしかったようだけれど、習近平は真逆のことをしている。彼のリアリズムがなせる業でしょう。

「リアリズム」が真骨頂の安倍外交

ケント　安倍さんはトランプだけでなく、訪問した世界中のどの国の首脳と会談しても、必ず中国の話題を出して、軍備増強や強引な海洋進出を警戒すべきだと説いてきたといいます。もちろん、賛同する首脳もいれば、そうでもない首脳もいるわけですが、中国と親しい国が、中国に告げ口することを見越してやっていたと書いています。「テーブル上で握手し、テーブル下で足を蹴る」外交を地で行っていたわけです。これこそ安倍外交の本領とも言っていいことで、中国との外交を次のように言っています。

《これは勘でしかありませんが、中国という国は、こちらが勝負を仕掛けると、こちらの力を一定程度認めるようなところがあるのではないか、と思うのです。日本もなかなかやるじゃないか、と。そして警戒し、対抗策を取ってくる。

中国との外交は、将棋と同じです。相手に金の駒を取られそうになったら、飛車や角を奪う手を打たないといけない。中国の強引な振る舞いを改めさせるには、こちらが選挙に勝ち続け、中国に対して、厄介な安倍政権は長く続くぞ、と思わせる。そういう神経戦を繰り広げてきた気がします。将棋を指しても、盤面をひっくり返すだけの韓国とは、全く違います》（同前）

近年の日本の政治家のなかに、こんなことを言える人がいたのかと思う記述があります。武力行使ができない日本は、「身の丈に合った外交」をすべきだという声がかつてはあったというインタビューに対して、安倍さんは「それじゃダメなんです」と断言しています。

《どちらかと言えば、誇大広告でいいのです。例えばフランスの経済力は、国内総生産（ＧＤＰ）で見れば日本の6割程度でしょう。英国だってロシアだって、日本より低いわけです。フランスの売りは何かと言えば、文化と核保有という点に加えて、圧倒的な大国意識を持っていることでしょう。大国意識だけで大きな顔をしている国は、世界中にいっぱいあるのです。世界第3位の経済力を誇る日本が、ちまっとしている必要はない》（同前）

歴代一位の長期政権であり、八〇の国と地域を訪問し、弔意は二五九カ国、地域からは一七〇〇件以上届くほどの首相でないと、言えないリアリズムでしょう。

そういう安倍さんだから、米豪とインドを結ぶ日米豪印戦略対話（ＱＵＡＤ：クアッド）もできた。それにしたって、第一次内閣のときに、当時インドの首相だったマンモハン・シンに構想を持ちかけたが、中国との関係がこじれるのを警戒してうまくいかなかったと書いています。モディが首相になって理解を示してくれた、と。モディは、アメリカとオーストラリアの構想だったら乗らない。しかし日本が主導するのであれば賛同しましょう、という考えだったと言いますね。

今ではアメリカやイギリスも採用した「自由で開かれたインド太平洋」という戦略

概念も安倍さんの発案です。日本の外交戦略が、アメリカに採用されたなんて初めてのことでしょう。

田原　これは二〇一六年八月、ケニアで開かれた「第六回アフリカ開発会議（ＴＩＣＡＤ）」の基調講演で発表されたものだ。最初は「自由で開かれたインド太平洋戦略（ＦＯＩＰ＝Free and Open Indo-Pacific Strategy）」と言っていたのを、ＡＳＥＡＮ諸国が中国の抵抗を恐れてたじろいだから、「戦略」から「構想」に変えたというでしょう。

このあたりも安倍さんはしたたかだよね。

一方、内政的には森友・加計問題や桜を見る会問題などスキャンダルを連発したように、「安倍一強」には弊害も多くあった。安倍さんの周りにはイエスマンしかいなく、孤独だったのではないかと思う。

しかし安倍さんは外交ではやりたいことが明確だった。なぜうまくいったかというと、最大の要因はその人柄だったと思う。根がとても素直で、人の話に耳を傾けるタイプだった。頑固な人間は首相になれないし、世界の首脳から信頼もされないだろう。

贖罪とコンプレックスの〝戦後〟からの脱却

田原　日本人は中国には侵略戦争をした贖罪意識を、アメリカには敗戦によるコンプレックスを、戦後一貫して持っていた。だから、共産党政府が起こした天安門事件に対して世界中から非難が巻き起こったときも、日本がいち早く中国を擁護した。今では非難されますが、そのために天皇陛下は訪中まででした。しかし強硬な習近平政権のおかげで、その贖罪意識から目覚めようとしています。

そして対中国ということで、アメリカからも同盟国としての地位を与えられ、否応なく自立に向かわなければならない。それはいいことだと思います。

ケント　そうですね。目前の脅威に立ち向かうためにも、日本人はいい加減〝戦後〟を終わらせなければならない。そのためには戦争の歴史を見直すことが重要です。

田原　繰り返しますが、習近平に台湾侵攻をさせてはならない。昭和天皇が敗戦を決意したのは、「このまま戦争を続ければ、無辜の国民に苦悩を増し、ついには民族絶滅となるだけでなく、世界人類をいっそう不幸に陥れることになる」（五百旗頭真『米国の日本占領政策（下）』中央公論社）からです。この昭和天皇の決意を忘れてはいけない。

ケント　日本は何をすべきですか？

田原　いま日本がやるべきことは二つ。経済。この三〇年間、日本はまったく成長していない。円高と物価高に悩まされ、日本の平均賃金は韓国にさえ抜かれている。経済をどう活性化できるか。これは大問題。学者も評論家も悲観論で食っている。日本を批判したらそれですむと思っている。大間違いだ。

もう一つは安全保障。今までアメリカを全面的に頼ってきたけれども、もう頼るわけにいかなくなった。日本が主体的に安全保障を考えなくてはならない。極めて危険だけど危険なことをやらなきゃいけない。

ケントさんとの違いは、ケントさんは悲観的で、僕は楽天的なんですよ。だからこの国を変えることはできると思っている。変えなきゃどうしようもないからね。

ケント　変えましょうよ。この本をとおして（笑）。日本は変わってきていると思います。軍事費アップの議論が出たときもマスコミは思ったより批判しなかった。

田原　それは七割近い国民が賛成しているから。

ケント　ですから憲法改正もできるのではありませんか。

田原　僕は二〇二四年に憲法改正すべきだと思う。ただし戦争をしないための、抑止力を高めるための憲法改正だ。改憲して自衛隊を合憲化すること。まずはそこからです。

対談を終えて

ケント・ギルバード

「ケントさんはなんで日本に興味を持った」

議論のテーブルについた田原総一朗さんは、開口一番、そう訊きました。事前に編集者が用意した議題項目にはない、安全保障という本書のテーマともまったく関係がない質問に意表を突かれ、その真意もわからず、面食らいました。

するとと田原さんは、「日本は対米従属の国ですよ」と畳みかけてきました。つまり、当のアメリカ人から見て、対米従属の日本のどこが面白い、面白いところなんてないはずだろう、というやや挑発的な、しかし考えてみると本質的な質問だったのです。

なぜなら、眼前の中国の脅威には、日本の対米従属路線からの脱却が必要で、アメリカの真の同盟国として立ち上がることができるかどうかが、激動の極東情勢の趨勢を決するカギを握るからです。ともかく、こうして対談の口火は切られました。

ご存知のように、田原さんは討論番組「朝まで生テレビ」の名物司会者であり、大物政治家や総理に対しても歯に衣着せぬ質問を浴びせ、本音を引き出すジャーナリストです。思想的には左翼でこそないものの、かつて敵国であったアメリカ人であり、「保守」と目される私とは、真逆の立場だと言っていいでしょう。したがって、議論は終始激突しました。

率直にいって、田原さんは〝戦後日本〟そのものといっていい存在だと思います。軍事は米軍に任せ、日本は経済発展に邁進する。自衛隊は違憲状態のまま放っておき、アメリカが押し付けてきたことを逆手にとって、憲法上での自立を拒む。日本とアメリカの帝国主義は問題にするのに、中国の覇権主義にはやけに寛大。軍事を忌避するあまり外交を過信する。軍部や天皇の戦争責任は問うても、国民の戦争責任は見ないふりをする。

しかし、私の興味はここ最近の田原さんの言動にありました。中国による台湾侵攻の脅威をまともに論じ、対米従属ではすまない日本の立ち位置を真剣に問う記事を読んでいたからです。田原さんを「親中派」だと思っていた私は、単刀直入に「いつ転向したのか」と訊いたほどです。

その反論は本文を読んでいただくとして、日米関係、日中関係、半導体戦争、戦後の日本と、論戦のテーマは多岐にわたりました。田原さんのジャーナリストとしての出発点は、「敗戦後、一八〇度価値観が変わり、政治家もマスコミも一切信じられなくなった」ことにあります。そして、愚かな戦争の悲惨さを知る世代だからこそ、反戦を伝えなければならないという使命感があります。それが、米寿を迎えてなお意気軒高でおられるゆえんでしょう。

根強くあったアメリカに対するコンプレックス、中国への贖罪意識から、日本人は目覚めつつあると言います。日本の行く末に私が悲観的なのに対し、自分は楽観的だとも。

田原さんと私だからこそ、これだけ本音の討論ができたと思います。違う見解を持つ二人が闘わせる対談の面白さを感じていただけたなら幸甚です。

〔著者略歴〕

田原総一朗（たはら そういちろう）

1934年、滋賀県に生まれる。1960年、早稲田大学を卒業後、岩波映画製作所に入社。1964年、東京12チャンネル（現・テレビ東京）に開局とともに入社。1977年、フリーに。テレビ朝日系『朝まで生テレビ!』『サンデープロジェクト』、BS朝日『激論！クロスファイア』等でテレビジャーナリズムの新しい地平を拓く。1998年、戦後の放送ジャーナリスト一人を選ぶ城戸又一賞を受賞。著書には、『戦後日本政治の総括』（岩波書店）、『日本の戦争』（小学館）、『堂々と老いる』『創価学会』（以上、毎日新聞出版）、『令和の日本革命』『塀の上を走れ 田原総一朗自伝』（以上、講談社）、『伝説の経営者100人の世界一短い成功哲学』（白秋社）、『さらば総理　歴代宰相通信簿』（朝日新聞出版）など多数。共著に、『人生は天国か、それとも地獄か』（佐藤優氏との共著、白秋社）、『日本という国家』（御厨貴氏との共著、河出書房新社）などがある。

ケント・ギルバート

1952年、アメリカ合衆国アイダホ州に生まれる。カリフォルニア州弁護士、経営学修士（MBA）、法務博士（ジュリスドクター）。1970年、ブリガムヤング大学に入学。翌1971年に宣教師として初来日。その後、国際法律事務所に就職し、企業への法律コンサルタントとして再来日。弁護士業と並行してテレビに出演。2015年、アパ日本再興財団による『第8回「真の近現代史観」懸賞論文』の最優秀藤誠志賞を受賞。著書には、2017年売上No.1新書に輝いた『儒教に支配された中国人と韓国人の悲劇』（講談社＋α新書）、『日本人が知らない 朝鮮半島史』（ビジネス社）など多数。櫻井よしこ氏との共著に、『わが国に迫る地政学的危機　憲法を今すぐ改正せよ』（ビジネス社）がある。

目前に迫る中国の脅威！

激論 アメリカは日本をどこまで本気で守るのか？

2023年4月12日　第1版発行

著　者　田原総一朗　ケント・ギルバート

発行人　唐津 隆

発行所　株式会社ビジネス社

〒162-0805　東京都新宿区矢来町114番地　神楽坂高橋ビル5階
電 話　03(5227)1602（代表）
FAX　03(5227)1603
https://www.business-sha.co.jp

印刷・製本　株式会社光邦
カバーデザイン　藤田美咲
写真撮影　鈴木慶子
本文組版　茂呂田剛（エムアンドケイ）
編集協力　佐藤春生
営業担当　山口健志
編集担当　山浦秀紀

ISBN978-4-8284-2508-5